MOYAMOYA SODAN CLINIC
ⓒ 2020 Ikegaya Yuji, Yoshitake Shinsuke
All rights reserved.
Original Japanese edition published by NHK Publishing, Inc.

Korean edition ⓒ 2021 Bluemoose
This Korean edition is published by arrangement with NHK Publishing, Inc., Tokyo
in care of Tuttle-Mori Agency, Inc., Tokyo through AMO Agency, Gyeonggi-do.

이 책의 한국어판 저작권은 AMO에이전시를 통해 저작권자와 독점 계약한 블루무스에 있습니다.
저작권법에 의해 한국 내에서 보호를 받는 저작물이므로 무단 전재와 무단 복제를 금합니다.

애매한 것을 속 시원하게 알려 주는

알쏭
달쏭
상담소

이케가야 유지 글
요시타케 신스케 그림
엄혜숙 옮김

블루무어린이

'알쏭달쏭 상담소'에서
'알쏭달쏭한 궁금증'을
함께 생각하는 사람들의 프로필

이케가야 유지

1970년생. 사자자리.
도쿄 대학 약학부에서 뇌 연구를 하고 있습니다.
좋아하는 음식은 죽순.
고구마나 단밤을 잘 못 먹어요.
어릴 적 꿈은 전차 운전사였습니다.
두 여자아이의 아버지입니다.

요시타케 신스케

1973년생. 쌍둥이자리.
그림책을 쓰고, 잡지나 책에도
일러스트레이션을 그립니다.
좋아하는 음식은 오징어.
감을 잘 못 먹어요.
어릴 적 꿈은 목수였습니다.
두 남자아이의 아버지입니다.

> **프롤로그**

알쏭달쏭 상담소에 오신 것을 환영합니다.

안녕하세요. 저는 이케가야 유지 박사입니다.

지난 봄, 출장 중에 엄청나게 많은 서류를 받았습니다. "아이들이 보낸 소중한 소리를 배달합니다."라는 메모와 함께, 편집자님이 가져온 것이었지요. 여기서 말하는 '아이들'이란, 도쿄학예대학부속 다케하야 초등학교 3~6학년 학생들로, '소중한 소리'란 256명이나 되는 아이들이 설문의 답변으로 보낸 '알쏭달쏭한 서류 뭉치'였습니다. 설문 내용은 다음과 같았습니다.

평소 생활하면서 알쏭알쏭했던 것이나 이상하다고 생각한 것, 아니면 왠지 어색하게 느낀 것이 있을 거예요. 그렇게 평소 궁금했던 것 한두 가지를 알려 주세요. 모든 궁금증에 대답할 수는 없겠지만, 도쿄 대학에서 뇌의 구조를 연구하는 이케가야 유지 선생님이 여러분의 '왜', '어째서'를 해결할 만한 힌트를 줄 거예요.

출장에서 돌아오자마자 서류를 한 장씩 넘겨보았습니다. 거기에는 초등학생다운 솔직하고 대범한 질문부터 독특한 의문, 초등학생이라서 생각해 낼 법한 어려운 문제, 나아가 제법 심각하게 느껴지는 고민까지 실로 다양하고 엉뚱한 '알쏭달쏭한 궁금증'이 담겨 있었지요.

제게 주어진 임무는 뇌 연구자의 입장에서 이런 '질문'에 답하는 거예요. 물론 답변은 초등학생도 쉽게 이해할 수 있어야 하지요. 과연 유익한 답변을 할 수 있을지, 불안해하고 있을 때, 강력한 내 편이 나타났어요. 바로 제 딸들도 매우 좋아하는 그림책 작가 요시타케 신스케 씨예요.

요시타케 씨는 어른인데도 소년과 같은 마음을 지닌 매력적인 사람입니다. 여러분과 같은 눈높이에서 아이디어

가득한 그림으로 '알쏭달쏭한 궁금증'을 한결 가볍게 답변하는 방법을 함께 생각해 주었답니다.

우리 두 사람은 이 상담소를 통해 '사람'이라는 생물이 지닌 매력과 신기함을 전하고자 합니다. 이 책을 읽고 나서 여러분의 사고방식이나 사물을 파악하는 방식에 지금까지와는 조금 다른 관점이 생긴다면, 그것만으로도 충분히 기쁠 것 같아요.

다만, 명쾌하게 답을 제시할 수 없는 궁금증도 있어요. 우리가 사는 세계에는 아직 과학으로 설명할 수 없는 것이 많고, 그렇기 때문에 살아가는 것이 재미있다는 걸 함께 이야기하려고 합니다.

그럼, 이제 상담소의 문을 열겠습니다.

이케가야 유지

차례

알쏭달쏭 상담소에서 알쏭달쏭한 궁금증을
함께 생각하는 사람들의 프로필 —— 4

알쏭달쏭 상담소에 오신 것을 환영합니다. —— 5

머릿속을 들여다보자 —— 14

 **첫 번째 상담**
공부나 학교에 대한 알쏭달쏭

알쏭달쏭 1 머리가 좋아지는 약이 있나요? —— 18

알쏭달쏭 2 하던 일이 익숙해지기까지는
시간이 얼마나 걸리나요? —— 25

알쏭달쏭 3 공부에 집중하려면 어떻게 해야 하나요? —— 30

알쏭달쏭 4 AI가 발달하면 계산 같은 건 다 해 줄 텐데,
왜 공부를 해야 하나요? —— 37

알쏭달쏭 5 공부할 때 몇 번이나 같은 걸 틀려요.
어떻게 하면 좋을까요? —— 44

알쏭달쏭 6 간단하게 외우려면 어떻게 해야 하나요? ——— 49

알쏭달쏭 7 어떻게 하면 기억력이 좋아질까요? ——— 59

알쏭달쏭 8 공부할 때, 풀 수 있는 문제를 틀리면
멋대로 마음이 폭주해 버려요.
어떻게 하면 좋을까요? ——— 67

알쏭달쏭 9 학교의 규칙이 이해되지 않아요. ——— 73

두 번째 상담
자신과 친구에 대한 알쏭달쏭

알쏭달쏭 10 나의 '의욕 스위치'는
어디에 있을까요? —— 82

알쏭달쏭 11 두려운 마음을 없앨 수가 없어요.
새로운 일을 할 때도,
도전해야겠다는 생각은 들지 않고
그저 두렵기만 해요. 어째서일까요? —— 88

알쏭달쏭 12 어떻게 해야 많이 긴장하지
않을까요? —— 93

알쏭달쏭 13 아침에 좀처럼 일어날 수 없어요.
왜 그렇죠? —— 102

알쏭달쏭 14 친구가 질투심이 아주 많아요.
어떻게 해야 그 친구는
성격을 고칠 수 있을까요? —— 110

알쏭달쏭 15 아무리 노력해도 책이 좋아지지 않아요.
어떻게 해야 좋아하게 될까요? —— 116

알쏭달쏭 16 어떻게 해야 자신감이 생길까요? —— 123

알쏭달쏭 17 어떻게 하면 리더가 될 수 있을까요? —— 129

알쏭달쏭 18 죽을 때 어떤 느낌일지 매일 상상하게 돼요.
어떻게 해야 할까요? —— 136

세 번째 상담
이상한 것에 대한 알쏭달쏭

알쏭달쏭 19 왜 꿈을 잊어버릴까요? —— 144

알쏭달쏭 20 게임이 머리에 좋지 않다는 게
정말이에요? —— 149

알쏭달쏭 21 게임을 그만둘 수가 없어요!
어떻게 해야 돼요? —— 156

알쏭달쏭 22 따돌림이 없어지지 않는 건
어째서일까요? —— 163

알쏭달쏭 23 사람의 마음은 어디에 있나요? —— 169

알쏭달쏭 24 아빠·엄마 머리의 좋고 나쁨에 따라
아이 머리의 좋고 나쁨이 결정되나요? —— 174

알쏭달쏭 25 노는 시간은 아주 짧게 느껴지는데,
공부하는 시간은 아주 길게 느껴져요.
어째서일까요? —— 179

알쏭달쏭 26 AI가 발달하면
사람의 일은 어떻게 되나요? —— 185

알쏭달쏭 27 과학이 지나치게 발전하면
   어떻게 되는 건가요? —— 191

알쏭달쏭 28 지금 눈으로 보고 있는 것은
   진짜 세계가 아닐지도 모른다고
   책에서 읽었는데요, 정말인가요? —— 197

아직도 알쏭달쏭 —— 202

마치는 글 - 요시타케 신스케 —— 212

알쏭달쏭한 궁금증이 있는 것은 살아 있다는 증거
- 이케가야 유지 —— 214

머릿속을 들여다보자!

여러분의 질문에 대한 대답에 등장하는,
뇌 부위의 이름을 소개할게요.

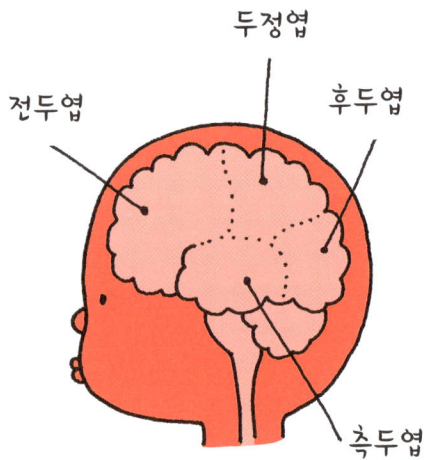

뇌의 바깥쪽(대뇌 피질) 이름

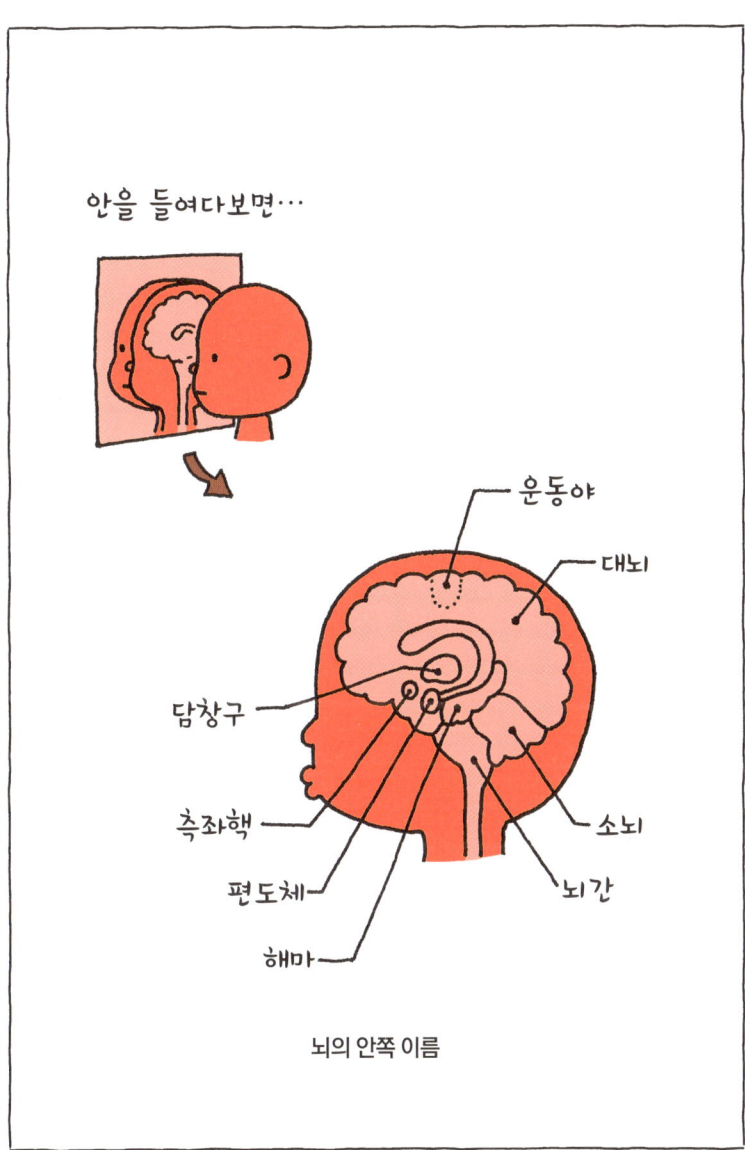

뇌의 안쪽 이름

첫 번째 상담

공부나 학교에 대한 알쏭달쏭

알쏭달쏭 1

머리가 좋아지는 약이 있나요?

하야부사(3학년), 냥코(4학년)

머리가 좋아지는 약을 실제로 만들 수 있을까요?

미노리(4학년)

과연 머리가 좋아지는 약이 있을까요? "있다, 없다" 둘 중에 답을 골라야 한다면 전 "있다!"라고 말하겠습니다. 그렇지만, 여러분은 정말로 약의 힘으로 머리가 좋아지길 원하나요?

여러분은 어떤 걸 '머리가 좋다'고 생각하나요? 시험에서 좋은 점수를 받는 것인가요? 퀴즈 프로그램에서 정답을 척척 맞힐 수 있는 것인가요? 아니면 엄마에게 거짓말을 그럴 듯하게 하는 것인가요?

한번 상상해 봅시다. 사람들이 '머리가 좋아지는 약'을 구할 수 있는 상황을요. "시험 성적이 확 올랐어!", "몰랐던 문제가 술술 풀려!" 등 약을 먹었더니 머리가 좋아졌다는 소문이 퍼지면, 사람들은 약을 차지하려고 서로 싸움을 벌이게 될 거예요.

심지어 비싼 값에 약을 팔아서 이익을 보려는 사람도 나타나겠지요. 예를 들어, 한 알에 10만 원이라고 하면 1주

일에 70만 원, 1년간 계속 먹으면 3,650만 원. 무려 고급 차 1대를 살 수 있는 돈이에요! 이런 비싼 약은 돈이 많은 사람만 손에 넣을 수 있어요. 그렇게 되면 돈이 많은 사람과 그렇지 않은 사람은 '지능'에서도 엄청난 차이가 나게 되죠. 그뿐만 아니라 돈이 없는데도 빚을 내서라도 약을 사려는 사람이나 약을 모조리 독점하려는 악당이 나타나는 등 여러 가지 문제가 생기게 될 거예요.

 반대로 누구나 살 수 있을 정도로 약이 싸다면 어떻게 될까요? 예를 들어 1알에 200원이라고 합시다. 여러분의 용돈으로도 쉽게 살 수 있지요. 하지만 반 친구들 모두가 그 약을 먹고 모두 머리가 좋아진다면, 그만큼 학교 수업이나 숙제는 점점 더 어려워질 거예요. 또한 깜빡 잊고 약을 먹지 않으면 학교 수업을 따라가지 못할 수도 있고요.

 그뿐만이 아니에요. 약은 체질에 따라 잘 듣는 사람과 잘 듣지 않는 사람이 있어요. 같은 약을 먹어도 남들처럼 머리가 좋아지지 않을 수도 있지요. 부작용도 생각해 봐야 해요. 감기약을 먹으면 잠이 오는 것처럼, 머리는 좋아지지만 몸에 해로운 일이 생길 수 있을 거예요. 또한 계속 약을 먹다 보면 어느 순간 약이 듣지 않는 상황도 올 수 있어요.

실제로 기억력을 높이는 약을 개발하는 기술은 나날이 발전하고 있습니다. 제가 했던 한 연구에서도 약을 사용해서 기억을 회복시키는 실험을 했어요. 우선 20대의 건강한 성인 남녀 38명에게 사진 100여 장을 보여 주었어요. 그리고 일주일 뒤에 다시 사진을 보여 주고, 얼마나 기억하고 있는지 알아봤지요. 이때, 어떤 약을 먹게 했더니 잊었던 사진을 다시 생각해 낸 경우가 늘어났어요. 약을 먹지 않았을 때보다 약을 먹었을 때 정답률이 2배나 높아서, 저는 놀라지 않을 수 없었답니다. 그때 사용한 약은 알츠하이머 병 등 기억력과 관련된 질병의 새로운 치료법으로 이어질 것을 기대하며, 지금도 꾸준히 연구하고 있습니다.

 만약 기억력이 약해지는 병에 걸리지 않았는데, 여러분이 이런 약을 시험 치기 전에 먹는다고 해 봅시다. 약을 먹고 머리가 좋아져 시험에서 좋은 점수를 받고, 어머니는 기뻐하며 칭찬하겠죠. 그렇지만 이것이 진정한 의미에서 '머리가 좋아지는 것'이라고 할 수 있을까요?

 약뿐만 아니라 뇌에 전기 신호를 보내거나 사람의 뇌와 AI(인공 지능)를 연결하는 방식 등으로, 사람의 지능을 높이는 연구는 전 세계에서 활발하게 진행되고 있어요. 그렇기 때문에 우리는 상상력을 충분히 발휘해야 해요. 사람이 지금까지 지구에 없던 새로운 것을 만들어 냈을 때 세상은 어떻게 변해 갈까, 그리고 그것을 어떻게 활용하면 사람들이 행복한 사회를 만들 수 있을까에 대해서요.
 다시 한번 말할게요. 머리가 좋아지는 약은 있어요. 앞으로도 계속 연구될 거예요. 하지만 '최고로 머리가 좋은 사람'이란, 과학 발달에 의해 변화하는 미래를 상상하며,

새로운 가능성이나 문제 해결 방법을 찾아낼 수 있는 사람이 아닐까, 하고 저는 생각해요.

뭐야?
'머리가 좋아지는 약'이
전혀 팔리지 않는다고?

네….

지난주 팔기 시작한
'얼굴이 예뻐지는 약',
'인기가 많아지는 약'은
엄청나게 팔리고 있네요.

알쏭달쏭 2

?

하던 일이
익숙해지기까지는
시간이 얼마나 걸리나요?

하리네즈미(5학년)

하리네즈미 님이 어떤 일을 익히고 싶은지에 따라 다르겠지만, 여기에서는 학습한 것을 익히는 데에 시간이 얼마나 걸리는지를 생각해 봅시다.

여기서 중요한 열쇠는 뇌의 '해마(15쪽 참조)'라는 부분입니다. 앞으로 자주 등장할 예정이니 자세히 설명할게요. 해마는 양쪽 귀 안쪽에 있는 한 쌍의 기관입니다. 바다에서 볼 수 있는 해마의 꼬리처럼 길쭉한 활 모양이라서 해마라는 이름이 붙었다고 해요.

해마는 기억이나 공간 학습 능력과 관련이 있습니다. 특히 뇌에 들어온 정보가 자신에게 필요한지, 필요하지 않은지를 판단하는 기능을 해요. 정보의 종류에 따라 다르지만, 해마에 정보가 남아 있는 기간은 짧으면 1개월 정도라고 해요. 즉, 학습한 내용을 복습하려면 1개월 내에 해야 효과적이라는 뜻이죠.

해마의 이러한 성질을 고려해 저는 다음과 같은 복습 방법을 제안합니다.

❶ 1차 복습: 학습한 다음 날
❷ 2차 복습: 1차 복습 1주일 뒤
❸ 3차 복습: 2차 복습 2주일 뒤
❹ 4차 복습: 3차 복습 한 달 뒤

약 2개월 동안 이 흐름으로 복습하면, 해마가 정보를 '필요한 것'으로 판단하게 되는데, 저는 종종 이걸 실감하곤 해요.

복습하는 방법도 여러 가지죠. 그중에서 실제로 뇌에 집어넣은 지식이나 정보를 '사용해 보는 것'이 가장 중요합니다. 그러나 날마다 새로운 것을 학습하는 여러분은 한 가지 일만 하고 있을 수가 없어요. 그렇게 생각하면 학습한 것을 몸에 완전히 익히는 데에 걸리는 시간은 2개월로는 충분하지 않을 거예요. 확실히 기억하고 그 지식을 활용할 수 있을 때까지는 적어도 3개월은 걸린다고 보는 게

좋습니다.

 예를 들어 하리네즈미 님이 여름 방학에 집중해서 학습했다고 합시다. 그것들이 기억으로 뇌에 '정착하는', 즉 '몸에 배는' 시점은 꾸준히 노력한다고 해도 가을 이후가 됩니다. 만약 겨울에 시험을 치른다면, 여유 있게 여름에는 공부를 시작하는 것이 좋을 거예요.

 다만, 그렇게 애써 기억한 것도 꾸준히 복습하지 않으면 해마가 '필요 없는 정보'로 분류해 언젠가 머릿속에서 사라져 버려요. 학습한 것을 익히는 데에는 시간과 노력이 드는데, 그 기억을 유지하려면 더 많은 노력이 필요하다니…. 인생이란 참, 좀처럼 설렁설렁 넘어가 주는 법이 없네요. 그렇다고 너무 언짢아하지는 말아요!

선생님!
'여름의 춤'을
간신히 익혔습니다!

흠, 이미 가을인데,
오늘부터는 '가을의 춤'을
익혀봅시다!

알쏭달쏭 3

**공부에 집중하려면
어떻게 해야 하나요?**

Chip & Dale(4학년)

**공부를 시작하면 금방 머리가
멍해져요. 어떻게 해야 될까요?**

히카루(4학년)

**저는 공부를 하다가 재미가 없으면
딴짓을 해요. 어떻게 하면 좋을까요?**

나나(4학년)

놀고 있을 때는 활기찬데,
공부만 하면 나른해지는 건
어째서인가요?

N.Y(4학년)

좀 더 오래, 계속 집중하고 싶어요.

낫치(5학년)

공부를 할 때, 어떻게 하면
집중할 수 있을까요?

리삿치(6학년)

공부에 관련된 궁금증 중에서는 바로 이 '집중력'에 관한 질문이 압도적으로 많았어요.

  저는 집중력이 본래 동물에게는 자연스럽지 않은 것이라고 생각해요. 야생 동물을 상상해 보세요. 들판에서 토끼가 풀 먹는 일에만 집중한다면, 배고픈 여우에게 잡아먹힐지도 몰라요. 이렇듯 한 가지 일에 지나치게 집중하다 보면 목숨을 잃을 수도 있지요. 지구의 오랜 역사 속에서, 사람을 포함한 동물들은 지나치게 집중하지 않는 능력을 발달시킴으로써 살아남은 거예요. 그러니 집중력이 부족한 것은 대단히 자연스러운 일인 걸 알아야 해요.

  여러분은 언제 '집중력이 떨어졌다'고 느끼나요? 히카루 님의 말처럼 머리가 멍할 때나, N·Y 님의 말처럼 나른해졌을 때인 것 같아요. 이런 상태는 몸이 지쳤다는 뜻이에요. 참고로 뇌는 공부를 했다고 피곤해질 만큼 약하지 않아요. 몸 상태에 관계없이 항상 힘차게 뛰는 심장처럼, 뇌

역시 언제나 활기차게 움직이고 있어요. 단, 아무래도 몸은 지치게 되죠. 공부를 한다고 줄곧 같은 자세로 책상에 앉아 있으면, 엉덩이나 허리 근육이 굳어지고, 연필을 쥔 손도 기운이 빠지는 것처럼요.

사실 핵심은 여기에 있어요. 몸의 움직임이 멈추면 뇌는 지루해져요. 뇌는 두개골 안에 갇혀 있기 때문에, 외부의 자극이 없으면 활기차게 움직일 수 없답니다.

자, 여기서 제가 어느 교육 회사와 함께 한 실험을 하나 소개할게요. 중학교 1학년 학생들을 모아 다음과 같이 두 그룹으로 나누어 영어 단어 시험을 치렀어요.

❶ 그룹 A: 같은 장소에서 쉬지 않고 60분간 학습한다.
❷ 그룹 B: 학습 시간 45분을 3회로 나누고, 중간에 7분 30초씩 2번 쉬고 학습한다.

학습하는 영어 단어는 중학교 2~3학년 수준이었습니

다. 학습하기 전에 테스트를 한 결과, 그룹 A가 그룹 B보다 점수가 높았어요. 그런데 학습한 다음 날 테스트 점수는 그룹 B가 더 높았지요. 1주일 뒤의 테스트에서도 그룹 B가 더 좋은 성적을 거두었어요. 이는 학습 내용을 오래 기억하려면, 학습 중간에 휴식을 취하는 것이 효과적임을 보여 줍니다. 그룹 B가 그룹 A보다 학습 시간이 짧았어도 좋은 결과를 거두었다는 것은 아주 흥미로운 사실이었죠.

 이 실험에서는 학습 중인 학생들의 뇌파도 측정했어요. 집중력과 관계있는 뇌파는 뇌의 '전두엽(14쪽 참조)'이라는 장소에서 나오는 '감마파'인데, 이것이 집중력의 기준이 됩니다. 실험에 참여한 학생들을 대상으로 감마파를 측정한 결과, 그룹 A는 시간이 지날수록 감마파의 힘이 떨어졌어요. 특히 40분이 지나자 급격하게 떨어졌지요. 이를 통해 집중력이 지속되는 시간은 40분 정도라고 생각할 수 있었어요. 한편 그룹 B는 휴식을 취하자 감마파의 힘이 살아났고, 학습하는 동안 일정하게 집중력을 유지하게 되었지요.

 이 실험을 근거로, 저는 여러분께 집 안 여기저기에 공부할 공간을 마련해 둘 것을 추천합니다. 자신이 주로 공부하는 책상 외에도 바닥에 앉아 읽고 쓸 수 있는 접이식 책상을 마련해 두거나, 가족에게 방해가 되지 않는다면 식탁이나 거실 탁자를 활용하는 거지요. 유목민처럼 여기저기 옮겨다니며 공부해 보세요. 내친김에 중간중간 스트레칭이나 가벼운 운동을 하며 짧은 숨 고르기 시간을 가져 보는 것도 좋겠습니다.

"부지런히 환경을 바꿔도 좋다."는 말이네요.

그래서 전 40분마다 옷을 바꿔 입기로 했어요!

알쏭달쏭 4

AI가 발달하면
계산 같은 건 다 해 줄 텐데,
왜 공부를 해야 하나요?

찹쌀떡(5학년)

학교에서 영어 수업을 하지만,
어른이 되면 AI가 번역을
다 해 줄 것 같아요.
그래도 영어가 필요한가요?

O(5학년)

찹쌀떡 님, 그렇게 생각하는 마음은 잘 알겠어요. 그런데 한번 생각해 봅시다. 사실 우리에게는 AI가 생기기 전에도 이미 덧셈이나 곱셈을 해 주는 편리한 '계산기'가 있었어요. 하지만 여러분은 학교에서 덧셈이나 곱셈을 배우지요.

지금 사람들이 AI에게 기대하는 일반적인 역할은 사람 뇌의 '아웃소싱'입니다. 아웃소싱이란 간단하게 말하면 '외부에 일을 부탁하는 것'이에요. 좀 더 알기 쉽게 설명해 볼게요. 자동차를 만드는 회사는 한 회사에서 차 전체를 다 만드는 것이 아니라, 여러 회사와 힘을 모아 차 1대를 만들고 있어요. 자동차 회사 A사가 자동차 부품을 만드는 B사에 엔진 부품 생산을 부탁한다고 합시다. A사는 B사에 부품 1,000개를 주문했어요. 마감은 한 달 뒤. 마감을 맞추지 못하면 자동차는 늦게 완성되고 말아요. 이때 A사의 일은 부품을 주문하는 것으로 끝나는 게 아니에요. B사가 계획대로 작업을 진행하고 있는지, 품질에 문제는 없는지,

현장에서 사고나 문제는 발생하지 않는지 등, B사 안에서 일어나는 일을 확실히 파악하여 문제가 발생한다면 즉시 대응할 수 있도록 해야 합니다.

우리들 사람과 AI의 관계는, 이 A사와 B사의 관계와 비슷합니다. AI는 한 번에 많은 정보를 처리하는 것이 특기니까, 찹쌀떡 님보다는 분명히 계산이 빠를 거예요. 하지만 AI 시스템이 언제나 제대로 작동한다고 확신할 수 없기 때문에, AI가 제대로 일하고 있는지를 지켜볼 사람이 필요해요. AI가 아무리 뛰어나다고 해도 모든 걸 맡길 수는 없으니, 만일의 경우에 대비해서 사람은 뇌를 단련해 둘 필요가 있지요.

또, 사람이 새로운 아이디어를 내려고 할 때는, 그때까지 얼마나 많은 경험을 해 왔고, 지식이 얼마만큼 머릿속에 쌓여 있는지가 중요합니다. 그런데 아웃소싱만 하다 보면 뇌를 단련시킬 기회를 놓치게 되지요. 결국 아이디어의 바탕이 되는 경험이나 지식이 쌓이지 않게 됩니다. AI가

사람의 좋은 파트너가 될 수 있을지 없을지는 사람이 얼마나 많은 것을 배우고 영리하게 생각할 수 있느냐에 달려 있어요.

　O 님의 질문도 찹쌀떡 님과 기본적으로는 같네요. AI 번역기는 정확도가 점점 높아지고 있어요. AI의 도움을 받아 여러 나라 사람들과 소통할 수 있게 된다면, 분명히 즐거울 거예요. 그런데 말은 지역의 풍토나 습관 속에서 형성되고, 그 지역에 사는 사람들의 사고방식과 깊게 연결되어 있습니다.

　또 우리는 같은 문장도 부드럽고 상냥한 목소리나 강하고 엄격한 어조 등, 감정이나 말의 높낮이, 말투에 따라 다르게 표현할 수 있습니다. 하지만 AI에게 그런 것까지 요구하기란 쉬운 일이 아니지요.

　다른 언어를 그대로 번역하는 것만으로는, 하고 싶은 말을 제대로 전달하지 못하는 경우도 있어요. 예를 들어, 자그마한 물건이나 선물을 다른 사람에게 건넬 때, "별거 아니지만…." 하고 표현하죠. 상대방을 위해 이런저런 고민을 하고, 아주 좋은 선물을 찾았다고 해도 "최고의 선물을 준비했으니 받아."라고 말하지는 않아요. 상대가 부담스러워하지 않도록 배려함과 동시에 조심스러움을 강조한 표현이지만, 다른 문화권의 사람들은 "어째서 별거 아닌 것을 주는 걸까?"라고 생각할지도 모릅니다.

반대로 다른 언어에도 우리에게 익숙하지 않은 표현이 있어요. 예를 들어 재채기를 한 사람에게 영어로 "Bless You(블레스 유)."라고 말하죠. 기독교에서 유래한 이 말은 "God bless you(하느님이 당신을 축복하시길)."라는 뜻으로 우리말의 "몸조심하세요."와 비슷한 의미예요.

"별거 아니지만…."이나 "Bless You."도 말이 생겨난 배경이나 문화를 익혀서 어떠한 상황에서 어떻게 사용해야 좋을지를 알면, 좀 더 풍부하게 소통할 수 있어요.

　AI 번역기는 정말로 편리한 도구입니다. 제대로 역할을 해서 도움이 될 수도 있지만, 모든 사람에게 효과가 있는 건 아니에요. 소중한 사람에게 소중한 메시지를 전할 때는, O 님 자신의 목소리나 표정이 필요하다고 생각해요. 아무리 AI가 발달하더라도 그때를 위해 영어를 배워 두는 건 어떨까요?

우리들 AI는
AI가 잘하는 걸 할 테니까,
여러분은 우리들이
잘 못하는 걸 해 주세요.

…옛날보다 할 게
늘어난 거 같은데?

 알쏭달쏭 5

공부할 때 몇 번이나 같은 걸 틀려요. 어떻게 하면 좋을까요?

캐딜락(3학년)

캐딜락 님, 같은 걸 되풀이해서 틀리는 자신의 문제점을 깨닫고 있다니, 그것만으로도 정말 대단해요. 이렇게 자신의 능력, 성격, 상태 등을 밝혀내는 힘인 '자기 분석력'이 생기기 시작하는 시기는 보통 11세 정도입니다. 캐딜락 님은 3학년인데도 벌써 자신의 특성을 파악하고 있는 것이지요.

실패는 성공의 디딤돌입니다. 틀린 것을 계기로 그 원인을 찾거나 반성할 수 있다면, 그것은 오히려 성장의 기회가 됩니다. 다만 캐딜락 님의 경우, 조금 염려되는 부분이 있어요. 바로 '몇 번이나' 틀린다는 점이에요. 어쩌면 '틀리는 버릇'이 이미 몸에 붙었을지도 모릅니다.

예를 들어 봅시다. 탁구나 테니스 같은 운동도 라켓을 휘두를 때 기본이 되는 자세가 있어요. 이 자세에 이상한 버릇이 붙으면 공이 라켓에 맞아도 생각한 방향으로 날아가지 않습니다.

공부에서도 똑같은 일이 일어나요. 만일 시험을 볼 때 초조해서 문제를 제대로 읽지 않는 버릇이 붙었다고 합시다. 거리를 구하는 계산 문제에서, A의 거리를 물어보는데 B의 거리를 답하는 일이 생기죠. 또 낱말의 의미를 생각하지 않고, 비슷한 발음만 기억해서 쓰는 버릇이 있어도 실수가 나와요. 예를 들어 '금세(금시에 → 금세)'라고 써야 하는데 '금새'라고 써서 실수하게 되는 거죠.

그러한 자신의 실수를 깨닫고, "수학 문제는 2번 이상 읽도록 한다.", "발음이 비슷한 낱말은 구분할 수 있을 때까지 되풀이해서 연습한다." 등 실수를 고치도록 궁리하고 노력한다면, 같은 문제를 틀리는 일은 줄어들게 될 거예요.

시험은 할 수 있는 것을 확인하기보다, 잘 못하는 점이나 틀리는 부분을 발견하기 위한 거예요. 어떤 문제를 틀렸다면 우선 그 원인을 찾아봅시다. 우리는 실패를 통해서 많은 기회를 만들 수 있어요. 자기 분석을 제대로 할 수 있는 캐딜락 님이라면, 분명 잘할 수 있을 거예요!

아, 또
같은 걸 틀렸어.

엄마, 그 셔츠
또 뒤집어 입었어요.

알쏭달쏭 6

간단하게 암기하려면 어떻게 해야 하나요?

릿짱(3학년)

간단하게 기억하는 방법이 있나요?

저녁놀(3학년)

역사책에 나오는 사람의 이름을 간단하게 외우는 방법은 없나요?

죽순(3학년)

간단하게 무언가를 외우는 방법이 있나요?

바스칸(4학년)

간단하게 암기하는 방법이 있습니까?

320(4학년), M(5학년)

사회의 지리·지형이나 역사가
머리에 잘 들어오지 않아요.
어떻게 하면 간단하게
외울 수 있을까요?

히로(5학년)

간단하게 사물을
기억하는 방법을
가르쳐 주면 좋겠어요.

피클스(5학년)

여러분의 질문을 한 문장으로 바꾸면 "더욱 간단하게 기억하는 방법은 없나요?"네요.

결론을 먼저 말하면…, 유감스럽지만 없습니다. 왜냐하면 사람의 뇌는 다른 동물에 비해 천천히 그리고 애매하게 기억하는 성질이 있기 때문입니다.

뇌가 발달하지 않은 동물은 본 것을 그대로 기억하는 능력이 뛰어나지만, 기억한 정보를 응용하기는 어려워요. 한편 사람의 뇌는 겉으로 보이는 정보뿐 아니라, 그 속에 숨어 있는 다양한 정보를 연결하면서 상황을 파악하려고 합니다. 그렇기 때문에 학습하는 데에 시간이 걸리는 거예요.

뜬금없지만, 퀴즈를 하나 낼게요! 수학 공식을 예로 들어 봅시다. 여러분은 무언가를 외우려고 할 때 어떤 공부 방법이 가장 효과적이라고 생각하나요?

❶ 공식을 여러 번 눈으로 본다.
❷ 배운 공식을 여러 번 소리 내어 읽는다.
❸ 배운 공식을 여러 번 쓴다.
❹ 공식이 나오는 문제를 여러 번 푼다.

네 가지 방법을 비교하기 전에, 설명해야 할 단어 두 개가 있어요. 지식이나 정보를 뇌에 집어넣는 것을 '입력'이라고 해요. 반대로 한번 집어넣은 지식이나 정보를 밖으로 내보내는 것을 '출력'이라고 하고요.

그럼 네 가지 공부 방법을 차례로 살펴보도록 하겠습니다. 우선 '❶ 공식을 여러 번 눈으로 보는 것'은 입력만 하는 거예요. '❷ 배운 공식을 여러 번 소리 내어 읽는 것'은 눈으로 읽고 입으로 소리 내기 때문에 입력과 출력을 모두 하는 거예요. '❸ 배운 공식을 여러 번 쓰는 것'과 '❹ 공식이 나오는 문제를 여러 번 푸는 것'도 입력과 출력을 모두 하고 있지요. 하지만, 네 가지를 모두 비교하면 실제로 문

제를 푸는 ❹가 지식을 사용하는 횟수가 가장 많다는 사실을 알 수 있습니다.

〈알쏭달쏭 2〉의 답변에서 말했는데, 뇌는 지식이나 정보가 들어왔을 때, 그것들을 기억하는 것이 좋은지, 잊어도 좋은지를 생각해요. 사용할 기회가 많으면 많을수록 "기억해 두자!"라고 판단합니다. 그러므로 가장 효과적인 공부 방법은 ❹입니다. 그리고 ❸ → ❷ → ❶의 차례로 효과가 작아요. 즉, 기억하는 방법이 얼마나 효과적인지에 따라 같은 시간에 기억할 수 있는 양이 달라집니다.

공식을 외울 때 알아 두면 좋을 핵심이 있습니다. 바로 공식이 생기게 된 이치나 배경을 아는 거예요. 예를 들어 "삼각형의 면적을 구하는 공식은 어째서 '밑변×높이÷2'일까? 사다리꼴의 면적을 구하는 공식은 어째서 '(윗변+아랫변)×높이÷2'일까?" 하고 고민해 볼 수 있겠죠.

삼각형의 면적

크기와 모양이 똑같은 삼각형 두 개 가운데 하나를 뒤집어 나란히 붙이면 평행사변형이 된다. 평행사변형 면적(밑변×높이)의 절반이 삼각형의 면적이므로, '밑변×높이÷2'가 된다.

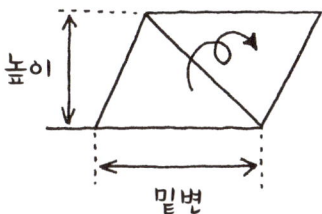

사다리꼴의 면적

크기와 모양이 똑같은 사다리꼴 두 개 가운데 하나를 뒤집어 나란히 붙이면 평행사변형이 된다. 밑변이 '윗변+아랫변'인 평행사변형의 절반이 사다리꼴의 면적이므로, '(윗변+아랫변)×높이÷2'가 된다.

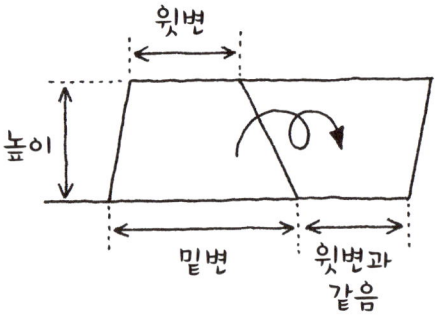

 이런 식으로 복잡한 공식도 찬찬히 거슬러 올라가면 어떻게 만들어졌는지를 알아낼 수 있겠지요. 조사하는 데에 시간과 노력이 필요하겠지만, 그 과정에서 뇌는 '이 정보는 중요한 것'이라고 인식하게 됩니다. 그러면서 기억하기 쉬워지고, 진정으로 '이해'하게 되는 거예요.

 반면에 절대 추천하지 않는 암기법도 있어요. 내용을 이해하지 않고 통째로 외우는 것이죠. 시험 전날 밤에 벼락치기로 외워서 다음 날 시험을 잘 봤다고 해도, 이해하지 않고 급하게 외운 것은 '기억에 남겨 두어야 할 만한 정보'로서 뇌에 남지 못하기 때문에, 응용할 수 없고 금세 잊어버리게 돼요.

처음에 이야기한 것처럼, 사람의 뇌는 정보를 천천히 그리고 애매모호하게 학습하도록 되어 있어요. 그러므로 바로 외우지 못하더라도 서두르지 말아야 해요. 무엇보다 중요한 것은 입력뿐만 아니라 출력을 제대로 하는 것이죠. 이것이 여러분의 질문에 대한 저의 답변입니다.

노래를 한다든지,
만화를 그린다든지,
뭐든 '재미있어하면'
쏙쏙 머리에 들어가요.

그 '재미있어하는' 게
상당히 어려운데요.

알쏭달쏭 7

**어떻게 하면
기억력이 좋아질까요?**

미타라시단고(3학년)

**문장 같은 걸 금방 외우려면
어떻게 하면 좋을까요?**

무라카미(4학년)

**기억력이 좋지 않아요.
어떻게 하면
잘 기억할 수 있을까요?**

리락쿠마 좋아(5학년)

기억력을 강하게 하려면
어떻게 하면 좋나요?

요이치킨(5학년)

어떻게 하면
기억력이 좋아집니까?

당근(6학년)

영어 단어나 수학 공식을
잘 기억하지 못해요.
기억력을 좋게 하는 방법이 있을까요?

리무르(6학년)

〈알쏭달쏭 6〉에서는 간단하게 기억하는 방법에 대한 물음에 "우리 사람의 뇌는 천천히 학습하도록 되어 있다."고 답변했어요. 이번에는 기억력을 좋게 하는 방법을 조금 더 구체적으로 소개할게요.

잘 기억하는 법 ❶ 감정을 가득 담아 기억한다

우리가 똑똑하게 기억하는 추억에는 공통점이 있어요. 바로 기뻤다, 화가 났다, 슬펐다, 즐거웠다 등 감정이 크게 얽혀 있는 에피소드가 있다는 거예요. 그러한 감정은 뇌의 '편도체(15쪽 참조)'라는 곳에서 조절해요. 편도체에서 감정을 통해 상황을 더 잘 기억할 수 있도록 만들어 주지요.

예를 들어 1866년의 제너럴셔먼호 사건을 기억해야 한다고 합시다. 1866년 8월, 정체불명의 외국 배 한 척이 대동강을 거슬러 평양까지 올라옵니다. 언제 어디에서 벌어진 사건인지, 어느 나라의 배인지, 사건이 일어난 이유는 무엇인지 등 기억해야 할 것이 많지요.

 자, 이제 여러분은 대동강 유역을 수비하는 군사입니다. 상상해 보세요. 멀리서 검고 커다란 배가 점점 다가옵니다. 긴장과 공포로 발이 얼어붙고 말지요. 망원경을 이용해 배 위를 살펴보다, 으악! 처음 보는 외국인 남자와 눈이 마주치고 말았어요. "더 이상 강을 거슬러 올라오지 마라! 이것은 영토 침략이다!" 하고 경고하지만, 배는 계속해서 대동강을 거슬러 오르죠. 혹시나 전쟁이 벌어지게 될까, 소총을 든 손에는 땀이 흥건하지요.

 이런 식으로 자신이 역사의 한 장면 속에 있는 것처럼 상상하며 감정을 불어넣다 보면, 뇌는 그저 교과서를 읽을 때보다도 더 열심히 기억하려고 합니다.

잘 기억하는 법 ❷ 소리를 내서 귀로 기억한다

 인류의 진화 과정을 살펴보면, 우리 조상들은 '보는 힘'보다 '듣는 힘'을 더 많이 사용했어요. 전기가 없던 시절, 밤이 되면 모든 곳이 새카맣지요. 그럴 때 눈은 쓸모가 없어요. 이런 어둠 속에서 위험으로부터 몸을 보호해 주는 건 '듣는 힘'이었어요. 눈보다 귀가 더 발달한 것은 목숨을 지키기 위한 일종의 전략인 셈이지요. 그 '듣는 힘'을 사용하면 신경이 듣는 곳으로 모이고, 더욱 민감해져 뇌는 더 잘 기억하게 됩니다.

잘 기억하는 법 ❸ 걸으면서 기억한다

저는 학생 시절 식탁 주위를 계속 돌아다니면서 중얼중얼 소리를 내며 외우는 습관이 있었어요. 다른 사람이 이런 모습을 보았다면 꽤나 이상한 사람이라고 생각했을 거예요. 당시에는 이 방법이 효과적이었다는 사실을 몰랐지만, 나중에 뇌 연구를 하면서 좋은 방법이었음을 알게 되었어요. 기억을 담당하는 '해마(15쪽 참조)'는 보통 잠잘 때 기능이 좋아지지만, 걸을 때에도 크기가 약 2퍼센트나 커지면서 기억력도 좋아진다는 연구가 있어요. 걷는 것은 건강뿐만 아니라 뇌에도 좋은 영향을 미친다고 해요.

잘 기억하는 법 ④ 지식을 응용하여 기억력을 높인다

뇌는 기초가 되는 지식이 있을 때, 다른 지식을 더욱 잘 받아들이는 특성이 있어요. 이미 얻은 지식이 새로 들어온 지식의 이해를 도와주는 거죠. 예를 들어 영어를 할 수 있는 사람은, 영어를 못하는 사람에 비해 독일어를 더 쉽게 배울 수 있어요. 이것은 이미 얻은 지식을 '응용'할 수 있기 때문이에요. 여러분처럼 머리가 유연할 때 여러 가지 지식을 뇌에 쌓아 두면, 그 지식이 기초가 되어 기억력을 한층 더 높일 수 있습니다.

잘 기억하는 법 ⑤ 재미있게 학습한다

재미나 즐거움 같은 기분과 관련된 뇌 부위를 '측좌핵(15쪽 참조)'이라고 부릅니다. 무언가에 흥미가 있거나 재미를 느낄 때, 이 측좌핵과 해마의 움직임이 활발해지면 도파민과 엔돌핀이라는 호르몬이 나와서 기억력이 좋아진다는 연구 결과가 있어요. 여러분의 경험을 생각해 보세요. 아무리 흥미 없는 내용이라도 선생님이 요즘 유행하는 개그를 곁들여 재미있게 설명해 주면 머리에 쏙쏙 들어왔을 거예요. 이는 '재미있다', '즐겁다'는 긍정적인 감정이 생기면서 측좌핵이 활발하게 활동하고 있다는 증거입니다. 수도권 지하철역 이름, 무수히 많은 게임 캐릭터 이름 등 좋아하는 것이나 흥미 있는 것을 눈 깜짝할 사이에 외웠던 경험이 여러분에게도 있을 거예요.

반대로 '재미없다', '하기 싫다'고 생각하면서 공부하면, 좀처럼 공부한 내용이 머리에 들어오지 않습니다. 누구에게나 잘하지 못하는 것과 싫어하는 것이 있어요. 그렇지만 뇌는 잘 속는 성질이 있답니다. 어차피 기억해야 한다면, 즐거운 점, 재미있는 점을 발견해서 긍정적인 감정으로 대처하는 게 더 좋을 거예요.

여러분도 자신에게 맞는 기억력 향상법을 찾아보세요.

어라?
'어떤 자세로 외웠는지'는
기억하는데,

'그 자세로 무엇을 외웠는지'는
기억이 나지 않아⋯.

알쏭달쏭 8

공부할 때,
풀 수 있는 문제를 틀리면
멋대로 마음이 폭주해 버려요.
어떻게 하면 좋을까요?

달의 금고(3학년)

달의 금고 님이 말하는 '마음이 멋대로 폭주'한다는 게 무슨 뜻인지 정확하게는 모르겠지만, 패닉에 빠져서 기분을 조절할 수 없는 상태가 아닐까 생각했습니다.

"수업 시간에 한 번 풀었던 문제인데도 다시 풀 수가 없어.", "반복해서 예습했는데 푸는 방법을 잊어버렸어." 등 생각지도 못한 일에 맞닥뜨리면 당연히 초조해집니다. 그렇지만 폭주할 만큼 마음이 크게 흐트러지는 것은, 문제 틀린 것을 아주 '나쁜 일'이라고 생각하기 때문이 아닐까요?

그런 달의 금고 님에게 '재미있는 쥐 실험'을 두 가지 소개합니다.

실험 ❶ 쥐의 미로 학습

결승점에 도착하는 길이 일곱 가지나 되는 미로를 만들어, 쥐가 가장 짧은 길을 찾는 데 며칠이 걸리는지 알아봤습니다. 미로에 군데군데 막다른 길을 두어 결승점까지 가는 길을 복잡하게 만들고, 여러 마리의 쥐로 실험을 거듭했지요. 쥐가 길을 찾는 데 걸린 기간은 최소 3일부터 최대 18일까지 차이가 있었지만, 모든 쥐가 결국에는 가장 짧은 길을 찾아냈어요. 이때, 가장 짧은 길을 가장 빨리 찾은 쥐는 막다른 길에 부딪친 횟수가 많은 쥐였어요. 또 '초기에' 여러 가지 실수를 많이 한 쥐가, 가장 짧은 길이나 효율적인 지름길을 찾을 수 있다는 것도 알게 되었지요.

실험 ❷ 쥐의 성급한 실수에 관한 실험

작은 상자에 쥐를 넣습니다. 상자의 옆면에는 동그란 구멍이 두 개 뚫려 있어요. 쥐가 그 구멍에 코끝을 집어넣으면 먹이를 준다는 것을 쥐에게 학습시킵니다. 그 뒤, 쥐는

더 어려운 과제에 도전합니다. 실험자가 한쪽 구멍 앞에서 램프 불을 켜는데, 램프 불이 켜져 있지 않은 구멍에 쥐가 코끝을 집어넣어야 먹이를 줍니다. 그리고 램프에 불이 켜질 때부터 쥐가 구멍에 코끝을 넣기까지의 시간을 잽니다. 그 결과, 구멍에 코끝을 넣을 때까지 걸리는 시간이 짧은 쥐일수록, 잘 틀리고 학습 속도도 느렸어요. 반면에 틀리더라도 곧바로 구멍을 선택하는 쥐에 비해 곰곰이 생각해서 구멍을 선택하는 쥐가 더 높은 학습 효과를 나타냈어요.

실패하는 과정을 거치며 곰곰히 생각하는 것이 더 좋은 결과로 이어지는 이유는 무엇일까요? 저는 멈춰 서서 실패를 되돌아보고 반성함으로써 잘못된 행동을 바꿔 나가는 것이 뇌의 성장을 돕기 때문이라고 생각합니다.

어른이 되면 실패를 용서받지 못할 때도 있어요. 하지만 아직 어린 여러분은 실패를 두려워할 필요가 없어요. '틀려서 다행!'이라고 생각해도 될 정도로 실패를 반길 줄 알아야 해요. 그렇게 생각하면 '멋대로 마음이 폭주하던' 달의 금고 님의 기분은 긍정적인 방향으로 달리기 시작할 거예요.

저는 지금까지
실패한 적이 없습니다.

흠, 그럼 "예상하지 않았던 일이
일어났을 때, 어떻게 하면
좋을지를 모른다."라는 거네요.
그런 사람은 우리 회사에
필요 없습니다.

알쏭달쏭 9

학교의 규칙이
이해되지 않아요.

R·K(4학년)

어째서 학교에
스마트폰을 가져오면
안 되나요?

헬시 루이 보스티(5학년)

왜 학교에 만화책을
가져오면 안 되나요?
왜 교복을 입어야 하죠?
왜 학교에서 돌아오는 길에
어딘가에 가면 안 되는 걸까요?

후루그라(5학년)

왜 학교랑 관계없는 물건을
가져오면 안 되는 거예요?

크레아(5학년)

앗, 재미있는 질문이 들어왔네요. 내용은 조금씩 다르지만 R·K 님이 말하는 '규칙'이라는 말이 키워드가 될 것 같아요. 규칙이란 '규정, 정해진 것'을 말해요.

'빨간 신호등에서 멈춘다.'
'차도로 걷지 않는다.'

이런 것들을 규칙 A라고 합시다. 규칙 A를 지키지 않으면 목숨이 위험해질 거예요.

'도로에 쓰레기를 버리지 않는다.'

이것을 규칙 B라고 칩시다. 유명 관광지나 사람들이 모이는 곳은 많은 쓰레기가 문제이지요.
이 두 가지 규칙을 한번 비교해 볼까요? 규칙 A는 자신에게 바로 영향을 미치지만, 규칙 B는 바로 영향을 미치지

는 않습니다. 그렇다고 규칙 A는 잘 지키면서 규칙 B는 지키지 않아도 된다고 하는 건 좀 이상해요.

  물론, 모든 사람이 규칙을 이해하고 받아들일 수는 없겠지요. 예를 들어 최근 정부에서는 집을 여러 채 가진 사람들에게 세금을 더 많이 내라며 각종 세금을 올리고 있어요. 반대하는 사람이 많았지만, 그렇게 정해졌답니다. 이때, 자신은 이해할 수 없으니 세금을 내지 않겠다고 한다면 어떻게 될까요? 세금을 내는 것은 국민으로서 반드시 지켜야 할 의무입니다. 하지만 이를 지키지 않는다면, 경찰서에 가게 될지도 모르겠네요.

  학교나 사회에는 이해하기 어려운 규칙이나 지키고 싶지 않은 규칙이 있을 거예요. 그렇다면 헬시 루이 보스티 님은 "어째서 학교에 스마트폰을 가져오면 안 되나요?"라는 궁금증이 생겼을 때, 그 이유를 생각해 보거나 누군가에게 물어본 적이 있나요? 선생님들은 장난삼아 학교에 스마트폰을 가져오는 것을 금지하는 게 결코 아니거든요. 왜 그런 규칙을 만들었는지 이유를 한번 들어 보는 게 좋을 거예요.

만약 스마트폰을 학교에 가지고 오는 것을 허용한다고 해 봅시다. 수업 중에 사용하는 것은 물론 금지겠죠. 그 밖에도 "교내에서는 선생님께 맡긴다.", "급할 때만 사용할 수 있다.", "분실했을 때, 학교는 전혀 책임을 지지 않는다." 라는 세세한 규칙이 필요합니다. 또, 스마트폰을 학교에 가지고 갈 수 있다면 휴대용 게임기는 어떨까요? 크레아 님이 말하는 '학교와 관계없는 것'을 여러분이 가지고 오기 시작한다면, 학교는 더 이상 배우는 곳으로서의 역할을 할 수 없을 거예요.

만약 여러분이 학교와 관계없는 물건을 꼭 가지고 가고 싶다거나, 학교에서 돌아오는 길에 어딘가에 들르고 싶다거나, 교복을 입고 싶지 않다는 생각이 든다면요. 그런 일들을 학교에서 허용했을 때 일어날 수 있는 문제점을 먼

저 생각해 보세요. 그리고 그러한 문제점을 해결하기 위한 새로운 규칙을 제안하여 선생님들을 설득할 수밖에 없습니다.

여러분, 학교 규칙에 의문을 가지는 것은 나쁜 일이 아니에요. 규칙에 대해 '이상하다'는 생각이 들면 먼저 마음속으로 왜 이러한 규칙을 지켜야 하는지 찬찬히 생각해 보세요. 그런데도 이해되지 않는다면 문제를 제기해야 합니다! 왜냐하면 학교는 알쏭달쏭한 것으로 넘쳐 나는 사회에 적응해 가는 힘을 기르는 곳이니까요.

두 번째 상담

자신과
친구에 대한
알쏭달쏭

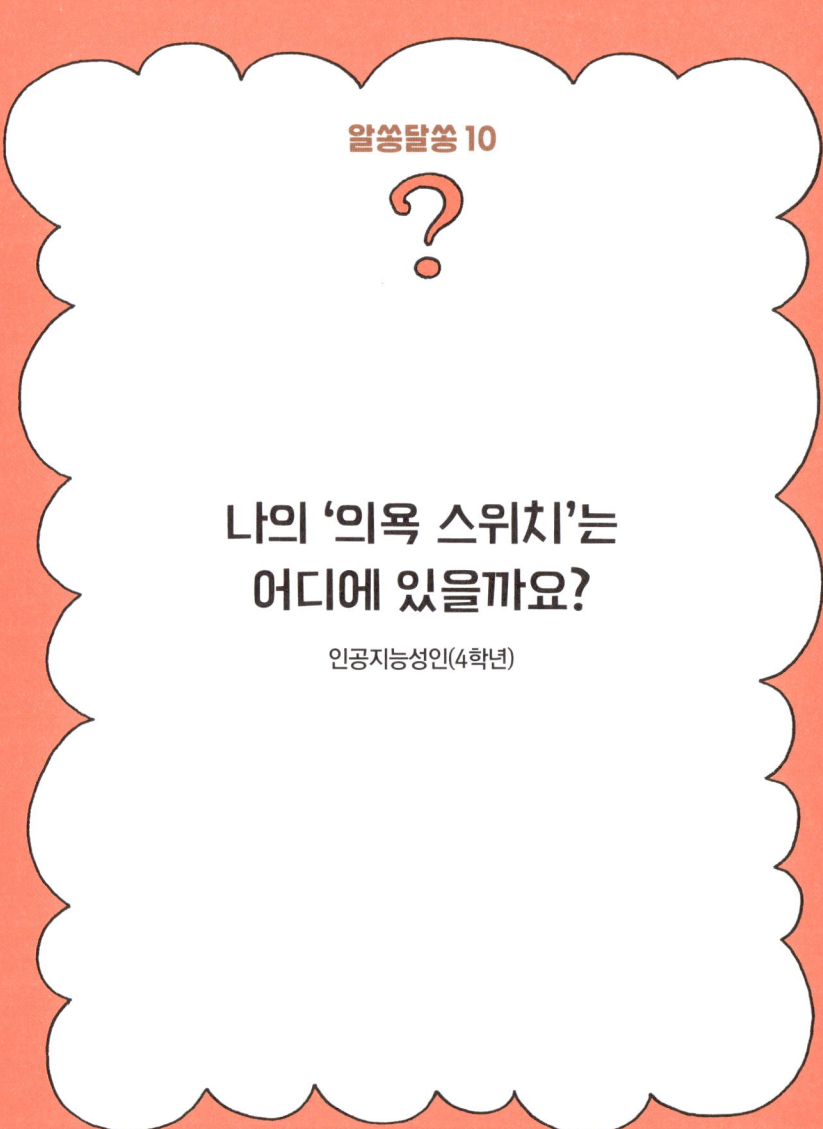

알쏭달쏭 10

?

나의 '의욕 스위치'는 어디에 있을까요?

인공지능성인(4학년)

인공지능성인 님, 의욕 스위치는 뇌 속에 있어요. 그 곳을 '담창구(15쪽 참조)'라고 부릅니다. 뇌의 크기가 사과만 하다면 담창구는 씨처럼 작은 부위예요. 담창구의 움직임이 활발해지면 하고자 하는 마음, 즉 의욕이 넘치게 되지요.

하지만 담창구의 스위치는 저절로 켜지지 않습니다. 담창구의 스위치를 켜려면 뇌의 다른 부분을 잘 자극해야 해요. 지금부터 그 방법을 소개할게요.

❶ 운동야

뇌의 '운동야(15쪽 참조)'에서는 뼈나 근육에 운동 명령을 내립니다. 의욕은 가만히 있을 때는 생기지 않아요. 우리가 행동을 하는 과정에서 자연스럽게 의욕이 생긴 걸 깨닫게 되지요. 자려고 누워 있거나 가만히 앉아 있으면 뭔가를 하려는 마음이 생기지 않아요. 공부든지 청소든지 우선 몸을 움직이는 것이 중요해요. 시작할 수 있다면 절반을 넘어선 거예요. 계속 하다 보면 점점 마음이 뜨거워져서, 의욕이 부글부글 끓어오르죠.

만약 공부하기 위해 책상에 앉았는데도 기분이 내키지 않는다면, 눈을 크게 뜨고 '이얏!' 하고 입꼬리를 올리면서 벌떡 일어나 하늘을 향해 힘차게 주먹을 뻗어 보세요. 금세 뭔가 하고 싶다는 의욕이 생길 거예요. 뇌는 잘 속는 성질이 있죠. 그래서 몸을 힘껏 움직이면 덩달아 뇌도 움직이려 할 거예요.

❷ 해마

기억과 관계있는 '해마(15쪽 참조)'는 단조롭거나 새로운 자극이 없는 상태에서는 활발하게 활동하지 않아요. 평소와는 다른 문제집을 풀어 보거나, 베란다에서 학습 내용을 외우는 식으로 일상에 변화를 주면 해마가 활발해지고, 의욕에 불이 붙어요.

❸ 보상 회로

'보상'은 상 받는 것을 말합니다. 뇌 안에는 '보상 회로'라고 하는 쾌감과 관련된 신경 회로가 있어요. 〈알쏭달쏭 7〉에서 언급한 '측좌핵(15쪽 참조)'은 이런 보상 회로 중 하나입니다. 이 보상 회로가 자극되면 "즐거워!", "기분 좋아!", "기뻐!" 같은 긍정적인 감정이 생기면서 의욕 스위치가 켜져요.

여러분도 다른 사람에게 부탁을 받을 때, 어떤 보상을 받게 되면 기꺼이 하고 싶어질 거예요. 이런 보상을 자신에게도 주는 건 어떨까요? 예를 들어 문제집을 5페이지 풀면 기분 전환으로 10분간 좋아하는 일을 하거나, 아껴 둔 초콜릿을 1개 먹는 식으로 스스로에게 보상을 주는 거예요.

또, 누군가가 칭찬하는 것으로도 보상 회로는 활발해져요. 노력한 일에 대해 주위 사람들이 칭찬을 하면 절로 의욕이 생겨날 거예요.

❹ 전두엽

전두엽(14쪽 참조)은 이름 그대로 대뇌의 앞부분에 있는 감정 및 사고와 관련된 부위예요. 자, 인공지능성인 님, 상상력을 발휘하여 이루고 싶은 일을 마음에 그려 보세요. 그 생각이 강할수록 뇌는 점점 더 빠져드는 성질이 있어요. 예를 들면, 축구 대회에서 우승하겠다는 목표가 있다면, 시합 중에 활약하는 모습이나 시상식에서 트로피를 받는 모습을 이미지로 떠올릴 수 있겠죠? 머릿속에 또렷하게 그린 이미지는 전두엽을 속일 수 있고, 잇달아 담창구의 의욕 스위치가 함께 켜지게 됩니다.

인공지능성인 님, 의욕 스위치는 당신의 뇌 속에 자리 잡고 있어요. 그리고 그 스위치는 스스로의 힘으로 얼마든지 켤 수 있답니다.

결국,
가만히 있으면
스위치는 켜지지
않는 거네….

그래!
스마트폰이나 컴퓨터도
건드리지 않으면
화면이 꺼지잖아?
그것과 마찬가지야!

알쏭달쏭 11

두려운 마음을
없앨 수가 없어요.
새로운 일을 할 때도,
도전해야겠다는
생각은 들지 않고
그저 두렵기만 해요.
어째서일까요?

요코P(5학년)

요코P 님, 두려워해도 좋아요! 두려운 마음이 있다는 건 영리하다는 증거예요. 아무것도 두려워하지 않고 마구 달려가는 편이 오히려 위험한 거예요.

만일 얼룩말이 눈앞에 있는 사자를 두려워하지 않고 다가간다면, 눈 깜짝할 새에 잡아먹힐지도 몰라요. 두려움은 동물이 스스로를 보호하기 위해서 갖추어야 할 능력입니다.

새로운 일에 도전하려고 할 때, 어째서 먼저 겁부터 먹게 될까요? 그것은 앞으로 무슨 일이 일어날지가 보이지 않기 때문입니다. 가로등이 없는 어두운 길을 걷는 것과, 시야가 트인 너른 초원을 걷는 기분은 전혀 다르지요. '보인다', '앞을 내다볼 수 있다'는 것은 확실히 두려움과 불안을 줄여 줍니다.

두렵다는 생각이 들면, 종이와 연필을 들고 자신이 느끼는 두려움에 대해서 자세하게 적어봅시다. 이런 행동을

'보이게 하기', 즉 '가시화'라고 해요. 만약 스키를 처음 타는 상황이라면, '처음이니까 잘 탈 자신이 없다.', '자빠지면 모두에게 웃음거리가 되겠지.' 등 스키를 타기 전에 느꼈던 불안감을 적어 보는 거예요.

이 '가시화'가 효과가 있다는 것을 보여 준 실험이 있어요. 시험을 보기 직전, 학생들에게 시험 볼 과목의 어느 부분이 어떻게 부족한지, 불안한 점을 자세하게 쓰게 했어요. 그랬더니, 긴장이 풀려서 점수가 10퍼센트 정도 올랐다고 해요. "곱셈과 나눗셈의 조합이 힘들다.", "지도의 기호가 잘 외워지지 않는다." 등 부족한 점을 조목조목 써 보는 게 좋아요.

가시화의 좋은 점은 효과가 오래간다는 거예요. 그렇다고 날마다 쓸 필요는 없어요. 한 달에 한 번 정도, 학습이나 운동, 생활 속에서 불안하다고 생각되는 점들에 대해 자세히 써보세요. 조목조목 쓴 내용의 결과가 좋았던 경험이 쌓이면, 불안 역시 점점 줄어들 거예요. 자, 그럼 한번 해 볼까요?

알쏭달쏭 12

어떻게 해야 많이 긴장하지 않을까요?

히카킨(3학년)

긴장할 때, 안심시킬 수 있는 방법이 있나요?

KM(3학년)

어떻게 하면 긴장하지 않게 되나요?

고케시(4학년)

긴장했을 때 하면 좋은 행동이 있나요?

하리네즈미(5학년)

어떻게 하면 부담감이 커지나요?

지이(5학년)

언제나 냉정할 수 있는 방법은 없을까요?

X(5학년)

선생님이 문제지를 나눠 줄 때, 반 친구들 앞에서 직접 쓴 글을 읽을 때, 달리기 출발선에 섰을 때 등 심장이 두근거리고 땀이 흠뻑 흐르고 다리가 후들후들 떨린 적이 있나요? 저도 어린 시절에는 사람들 앞에서 이야기하는 것이 너무 싫어서, 항상 얼음처럼 얼었던 기억이 있습니다. 어른이 되었지만 안타깝게도 그런 습관은 없어지지 않았네요.

사람은 왜 긴장할까요? 그 원리에 대해서 이야기할게요.

아주 먼 옛날 우리 조상들은 사냥을 하며 생활했습니다. 어느 날, 숲속에서 사냥을 하고 있는데 갑자기 호랑이가 나타났다고 칩시다. 이 급박한 상황에서 힘을 발휘하는 것이 '스트레스 반응'이에요. 심장 박동 수와 혈압, 혈당치가 올라감으로써 도망칠 준비, 또는 싸울 준비를 할 수 있게 되지요.

즉, 급박한 상황에서 우리 몸에 나타나는 두근거림이나

막막함, 떨림은 '목숨을 지키기 위한 반응'이에요. 이를 잘 기억하면서, 긴장을 누그러뜨리는 방법을 알아봅시다.

❶ 올바른 심호흡

긴장할 때 호흡은 빨라지고 얕아져요. 긴장을 풀기 위해서는 '천천히, 깊게'를 의식하면서 숨을 내쉬는 심호흡을 하면 좋아요. 이 심호흡의 효과는 과학적으로도 증명되었답니다.

긴장은 '자율 신경'이라고 부르는 신경과 깊게 관계되어 있어요. 자율 신경은 긴장된 상태를 만드는 '교감 신경'과 편안한 상태를 만드는 '부교감 신경'으로 이루어져 있지요.

자율, 즉 스스로 다스린다는 말뜻대로, 자율 신경은 사람의 생각과는 상관없이 신경이 스스로 몸의 기능을 조절해요. 대표적인 예로 혈압이 있지요. 사람은 자기가 원하는 대로 혈압을 올리거나 낮출 수 없어요. 그 밖에도 식은 땀이나 진땀이 나고, 얼굴이 붉어지고, 손발이나 목소리가 떨리는 증상은 긴장해서 나타나기도 하지만, 대부분 자율 신경에 의해 생기거나 사라진답니다.

다만 자율 신경 기능에도 예외가 있어요. 바로 호흡입니다. 우리는 평소 의식하지 않고 호흡하지만, 호흡은 자신의 생각대로 빨리 하거나 천천히 할 수 있지요. 마찬가지로 긴장했을 때 호흡이 가빠지는 것도 조절할 수 있어요. '후유' 하고 한숨을 쉬는 것같이, 크게 천천히 숨을 내쉬어 봅시다. 이로써 부교감 신경이 제대로 작동하게 되었어요. 그 뒤 코로 공기를 부드럽게 들이마십니다. 겨우 호흡 따위라며 얕보지 마세요. 긴장을 풀기 위해 할 수 있는 효과적인 방법 중의 하나가 바로 심호흡이랍니다.

❷ 관심을 다른 곳으로 돌리기

피아노 대회에 나갔는데 손가락의 움직임이 신경 쓰이기 시작하더니 어느새 손이 딱딱하게 굳어 버립니다. 야구

시합에서 방망이 잡는 법이 이상하게 느껴져 계속 신경 쓰다 보니 손바닥에 흠뻑 땀이 납니다. 그럴 때에는 한 가지 생각에만 지나치게 매달리지 말고 주의를 다른 곳으로 돌리는 게 좋아요.

올림픽 같은 큰 스포츠 경기가 시작되기 전에 헤드폰으로 음악을 듣거나 껌을 씹는 운동선수들을 TV에서 본 적이 있을 거예요. 선수들은 그런 행동을 함으로써 곧 시작될 시합에 대한 긴장과 압박감을 누그러뜨려요. 그런 식으로 자신에게 긴장을 일으키는 것과 관계없는 일이나 즐거운 일을 생각해 보세요.

❸ 조목조목 쓰기

〈알쏭달쏭 11〉에서 언급한 것처럼, 사람은 앞으로 다가올 일을 미리 알 수 없기 때문에 공포와 불안을 느낍니다. 그러한 감정을 이겨 내려면 무엇이 불안한지를 자세하게 써서 눈에 보이도록 해 봅시다. 이것을 '가시화'라고 해요.

❹ **출력 시뮬레이션**

사람의 뇌에는 정보를 입력하는 능력과 출력하는 능력이 있다고 〈알쏭달쏭 6〉에서 이야기했어요. 긴장을 하지 않으려면 뇌가 출력할 수 있도록 행동하는 것이 효과적입니다. 예를 들면 피아노 대회를 위해 건반을 보지 않아도 연주할 수 있도록 열심히 연습하는 거죠. 그러면 실전에서 머릿속이 새하얗게 되더라도 손가락은 자연스럽게 움직이겠지요. 또한 시험 치기 전에는 참고서를 그저 읽기만 하는 게 아니라, 시험 문제를 풀듯이 머릿속의 정보를 출력하면서 공부합니다. 다 푼 문제집을 '노력의 증거'로 항상 눈에 띄는 곳에 놓아두는 것도 좋아요. 많은 문제를 풀었다는 자신감이 실전에서 느낄 부담감을 분명히 줄여줄 거예요.

긴장이나 압박을 느끼는 것은, 생물학적으로 생각하면 아주 자연스러운 현상입니다. 쉽게 사라지지는 않지만, 심호흡을 한다든지 다른 곳으로 관심을 돌린다든지 해서 잘 조절할 수 있으면 좋겠어요.

긴장했을 때는
이렇게 컵 반대쪽으로
물을 마시면 좋아요!
난 언제나 이렇게 해요!

그건
딸꾹질 멈추는 방법
아니니?

알쏭달쏭 13

아침에 좀처럼
일어날 수 없어요. 왜 그렇죠?

소노코(3학년)

밤에 잘 자고
아침에 잘 일어날 수 있는 방법은
어떤 걸까요?

고짱(3학년)

불면증은 어떻게 하면 낫습니까?

겐짱(3학년)

**5시 50분에
자명종 소리에 일어났는데,
정신을 차려 보니 또 자고 있었어요.
어떻게 해야 될까요?**

모나(3학년)

일찍 일어날 수 없어요.

고타 빈(3학년)

**밤에 잠들 수 없을 때,
어떻게 뇌를 쉬게 하면 좋은가요?**

톳군(3학년)

**친구들은 10시에 자서
5시에 일어난다는데,
나는 8시에 자도 6시에 못 일어나요.
왜 그럴까요?**

하얀찹쌀떡♪(3학년)

**아침 일찍 일어나려고 해도
졸려서 일어나지 못하고,
자야 할 시간에는
말똥말똥 깨어있어요.
왜 그렇죠?**

리오(3학년)

"밤에 잠을 잘 수 없다.", "아침에 일어나지 못하겠다." 등 잠에 관한 고민이 있는 친구가 정말 많네요.

잠자리에 들어도 친구와 싸운 일이 떠오른다든지 다음 날 쪽지 시험이 걱정되면 쉽게 잠들지 못하지요. 누구나 비슷한 경험이 있을 거예요.

며칠 잠을 자지 못해도 사람은 죽지 않아요. 하지만 잠을 자지 못하는 상태가 오래 계속된다면, 병원에 가서 원인을 찾아 없애려고 노력해야 해요. 반면에 특별한 원인이 없는데도 매일같이 잠들지 못하거나, 일어날 수 없는 경우라면 제게 해결책이 있답니다.

그 방법은 간단해요. 일정한 시간에 방을 어둡게 하고, 잠자리에 드는 거예요. 그리고 일정한 시간에 일어나 쏟아지는 아침 햇살을 쬐는 거죠. "뭐야, 이런 당연한 걸 알고 싶은 게 아닌데….."라고 생각할지도 몰라요. 하지만 잠을 잘 자기 위해서는 이런 지극히 당연한 행동이 꼭 필요하답니다. 잠을 잘 자지 못하면 당연히 아침에 일어나는 게 힘들어요. 그래서 늦잠을 자면, 밤이 되어도 잠들지 못하는 악순환에 빠지게 되지요. 그 악순환을 멈추기 위해서는 '몸속의 시계'를 정비할 필요가 있어요. 몸속의 시계는 낮과 밤의 리듬을 파악하는 역할을 해요. 몸속의 시계가 제대로 역할을 한다면, 자연스럽게 수면 리듬도 정비될 거예요.

잠은 뇌에서 만들어지는 '멜라토닌'이라는 호르몬과 큰 관계가 있어요. 멜라토닌은 하루 중 몸의 리듬을 조절하는 작용을 하는데요, 아침에 일어나서 빛을 받으면 줄어들고, 밤에 어두워지면 늘어나요. 그래서 아침에 15분 이상 햇빛을 쬐는 게 좋아요. 흐리고 비가 오는 날에도 빛은 있답니다. '세로토닌'이라는 호르몬이 멜라토닌을 만드는데, 세로토닌은 햇빛을 쬐거나 운동을 하면 늘어나요. 낮에 몸을 많이 움직인 날에는 밤에 푹 잘 수 있는 것도 이 때문입니다. 또한 너무 밝은 조명, 게임기나 스마트폰 화면에서 나오는 빛 등은 멜라토닌을 줄여서 잠을 잘 자지 못하도록 방해를 한답니다. 그러니 주의해야 해요.

 그럼, 모나 님처럼 '일어나서 알람을 끄고 다시 자는' 경우는 어떻게 해야 할까요? 개운하게 눈을 뜨지 못하는 원인 중 하나는 잠드는 시간이 불규칙하기 때문입니다. 공부를 끝내거나 학원에서 돌아오는 시간이 요일별로 제각각 아닌가요? 게임이나 유튜브 시청에 열중해서 밤을 새운 적도 있지 않나요? 그러면 몸속의 시계가 제멋대로 빙그르르 돌아요. 제대로 자고, 제대로 일어나고 싶다면 생활 습관부터 고쳐 봅시다.
 덧붙여서, "잠을 안 자면 뇌가 쉬지 않으니 빨리 자!"라고 부모님이 잔소리할 수도 있어요. 그러나 사실 뇌는 자는 중에도 부지런히 활동하며 기억을 정리한답니다. 뇌는 평생 쉬지 않고 일해도 피로를 느끼지 않아요. 다만 몸이 나른하거나 눈이 피로하면, 뇌는 힘을 내지 못하죠. 즉, 사람에게 중요한 것은 뇌의 휴식이 아니라 몸의 휴식임을 잊지 마세요.

규칙적이고
바른 생활을 위해
할 수 있는 것을
생각해 보….

자고 있네!

알쏭달쏭 14

?

친구가 질투심이 아주 많아요.
어떻게 해야 그 친구는
성격을 고칠 수 있을까요?

K·K(4학년)

K·K 님은 친구가 질투심에 시달리고 있다고 했어요. '질투'라는 것은 자신과 다른 사람을 비교하고, 부럽게 생각하거나 샘을 내는 감정입니다. 분명히 이 감정은 괴로워요. 자기보다 성적이 좋은 아이, 인기가 있는 아이, 언제나 멋진 스니커즈를 신고 있는 아이 등 주위에는 질투를 느끼게 하는 친구들이 참 많지요. 게다가 어른이 되어도 그런 질투심은 쉽사리 사라지지 않아요. 사람들은 학력이나 직업, 외모나 갖고 있는 물건 등을 주위 사람들과 비교하면서 우월감*이나 그 반대인 열등감을 느끼니까요.

질투에 관한 재미있는 연구를 소개할게요. 런던 대학교 킹스 칼리지의 프리드리치 박사 팀의 연구입니다.

실험에 참여한 사람은 16세부터 35세까지의 여성 18명. 이들에게 멋진 모델의 사진을 보여 주며 "자신과 비교

---

* 자신이 남보다 뛰어나다는 감정

해 보세요."라고 부탁했어요. 그리고 'MRI'라는 인체의 단면을 촬영할 수 있는 장치에서 여성들의 뇌를 검사했더니, 다른 부위보다도 활발하게 반응하는 곳이 있었어요. 그곳은 바로 불안이나 고통과 관계되는 장소였어요. 이 실험 결과를 보면, 나와 다른 사람을 비교할 때 생기는 질투나 열등감이라는 감정은 불안이나 고통에 가까운 것으로 이해할 수 있지요.

 K·K 님의 친구가 어떤 식으로 질투심을 표현하는지는 알 수 없으나, 주위와 자신을 비교함으로써 불안한 생각에 사로잡힌 것 같다면, 그 기분을 이해하려 노력해 보는 게 좋을 거예요.

 다른 각도에서 '남과의 비교'를 생각해 볼게요. 70여 년 전, 미국의 사회심리학자 레온 페스팅거는 〈사회 비교 이론〉에서 다음과 같이 말했습니다.

"사람에게는 자신을 평가하기 위해 남들과 비교하는 기본적 충동이 있다."

알기 쉽게 정리하면, 남과 자신을 비교하는 감정에는, 자신을 스스로 인정하고 싶은 마음이 깔려 있다는 말이에요.

그 뒤, 레온은 다음과 같은 가설도 발표했어요.

"사람은 자신감을 잃었을 때, 자기보다 불행한 사람과 비교해서 안심하는 경우가 있다." (아래쪽과 비교 = 하향 비교)
"반대로 자신감이 넘칠 때는, 자기보다 뛰어난 사람과 비교해서 더 분발하는 경우가 있다." (위쪽과 비교 = 상향 비교)

앞의 가설을 이해하기 쉽게 풀어 볼게요. 자신감이 떨어진 사람은 자신보다 더 좋지 않은 상황에 놓인 사람을 보게 됩니다. 그리고 그 사람을 보며 이렇게 생각하죠. '저 사람은 나보다 더 불행한데, 나는 이 정도이니까 그래도 괜찮은 거구나.'라고요. 반면, 자신감이 넘치는 상황에서는 자신보다 더 앞서가거나 능력이 좋은 사람을 보게 되지요. 그러고는 '저 사람처럼 될 수 있도록 더 열심히 노력해야지!'라고 생각하며 의욕을 불태우게 됩니다.

정리할게요. 누군가와 자신을 비교하며 "부럽다.", "치사하다."라고 생각하는 '질투'라는 감정은 사람의 본능이에요. 또한 자신의 현재 상태에 대해 안심하고 싶거나 좀 더 분발하고 싶을 때 필요한 거예요. 그렇게 생각해 보면, 질투라는 감정도 그렇게 나쁜 것만은 아니라는 생각이 드네요.

'비교하는 쪽이 좋을 때'와
'비교하지 않아도 좋을 때'가
있는 거네.

지금은 어느 쪽이야?
그걸 구별할 수 있다는 건
좋은 거지?

알쏭달쏭 15

아무리 노력해도
책이 좋아지지 않아요.
어떻게 해야
좋아하게 될까요?

Y·Y(4학년)

책에 금방 질려요.

카나룬룬(5학년)

Y·Y 님의 학교에는 수업 시작하기 전에 책을 읽는 '아침 독서' 시간이 있나요? 요즘에는 아침 독서를 시행하는 학교가 많아요. 하지만 책을 좋아하지 않는 친구들에게는 힘겨운 시간일지도 모르겠네요.

 수학을 잘 못하는 사람이 있다면, 운동을 잘 못하는 사람도 있는 법이에요. 그러니 무리하게 책을 좋아할 필요가 없다고 생각해요. 다만, 책을 좋아하지 않는 사람은 '좋아한다'고 생각하는 책을 아직 만나지 못했을 수가 있어요. "금방 질려요."라고 말하는 카나룬룬 님도 마찬가지예요. 읽지 않고는 못 배길 정도로 재미있는 책을 만난다면, 독서에 대한 생각이 크게 바뀔 테니까요.

 세상에는 셀 수 없을 만큼 많은 책이 있어요. 그중에서 특별한 책 한 권을 만났던 사람의 말을 소개할게요. 미국의 흑인 해방 지도자 맬컴 엑스의 말입니다.

"한 권의 책에 인생을 송두리째 바꿔 놓을 힘이 있다는 걸, 다들 이해하지 못하고 있다."

좀 더 역사를 거슬러 올라가 볼까요? 옛날 사람들은 책에 대해 어떻게 생각했는지, 유명한 사람들이 책에 대해 했던 말을 살펴보고자 합니다. 고대 로마의 학자 키케로는 책의 매력에 대해 다음과 같이 말했어요.

"책은 청년에게는 음식이 되고, 노인에게는 오락이 된다. 아플 때는 장식이 되고, 괴로울 때는 위안이 된다. 안에 있으면 즐거움이 되고, 밖에 들고 나가도 방해가 되지 않는다. 특히 밤과 여행과 시골에서는 좋은 반려자가 된다."

책이 인생에서 얼마나 중요한 존재인지에 대한 키케로의 생각이 고스란히 전해 옵니다. 인쇄 기술이 생기기 전에는 손으로 직접 써서 책을 만들었어요. 따라서 책은 매우 귀중하고 값비싼 물건이었죠. 그 당시에 책은 누구나 가질 수 있는 것이 아니었기 때문에 사람들이 갖고 싶어 하고 간절히 바라는 존재가 아니었을까요?

한편 지금은 단행본이나 잡지, 만화 등 모든 종류의 책이 서점에 진열되어 있고, 마음대로 고를 수 있어요. 굳이 책을 보지 않더라도 인터넷을 통해 최신 정보를 쉽게 접할 수 있지요. 여러분은 이런 시대에 살고 있어요. 그렇게 생각해 보면, 키케로가 살았던 시대와 지금은 책과 독자 사이의 거리가 엄청나게 변했다고 할 수 있죠.

책에 대한 위인의 명언은 이 밖에도 많습니다. 그런 명언들을 찾아보던 중에 재미있는 글을 발견했어요.

알베르트 아인슈타인(독일 태생의 이론물리학자)
"얼마만큼 나이를 먹으면 독서는 창의적인 탐구로부터 정신을 멀어지게 한다. 책을 너무 많이 읽고 자신의 뇌를 사용하지 않는 사람은 생각을 게을리하는 습관에 빠진다."

프리드리히 니체(독일의 철학자)
"책을 넘기는 것만 하는 학자는 결국 생각하는 힘을 완전히 잃는다. 그런 사람은 책장을 넘기지 않을 때는 생각하지 않는다."

가쓰 가이슈(일본 에도 시대의 인물)
"사람의 힘에는 한계가 있다. 그러므로 독서나 학문에 너무 많은 힘을 쓰면 당연히 실무에는 소홀해질 것이다."

위의 말들을 정리하면 "책을 읽기만 해서는 안 된다. 머리를 써서 생각해야 한다."예요. 이것은 굉장히 중요한 메시지입니다.

앞서 여러 차례 이야기한 것처럼 뇌에 '입력'한 정보를 살리기 위해서는 '출력'을 할 필요가 있어요. 독서는 그저 입력할 뿐이에요. 그 독서를 통해 얻은 지식이나 정보는 출력, 즉 책의 내용대로 실천해 보거나 나름대로 정리하여 말이나 글로 표현할 때, 진정으로 자신의 것이 된답니다.

여러분에게 미국의 작가 헨리 소로의 문장을 알려 드리며 답변을 마무리할게요.

> "정말 훌륭한 책은 내용 이상의 것을 알려 준다. 그 책을 내려놓고 받아들인 지혜를 시험하고 싶어진다. 읽은 것을 행동으로 옮기지 않고는 못 배기는 것이다."

책을 읽지 못하니까,
《책을 읽지 못해도 괜찮아!》라는
책을 만들었습니다!

책을 싫어하는 여러분!
이 책을 읽지 않아도 좋으니,
많이 응원해 주세요!

알쏭달쏭 16

어떻게 해야
자신감이 생길까요?

사쿠짱(4학년)

국어사전에서 '자신감'이라는 말을 찾아봤어요. '어떤 일을 해낼 수 있다거나 어떤 일이 꼭 그렇게 되리라는 데 대하여 스스로 굳게 믿는 느낌'이라고 적혀 있었어요.

사쿠짱 님은 '자신감을 가질 수 있으면 좋겠다.'고 생각하는 것 같은데요. 그렇다면 "나에게는 힘이 있다.", "나에게는 가치가 있다."라는 자신감은 대체 어디에서 생겨나는 걸까요?

발레 학원에 다니기 시작한 다섯 살 된 사쿠짱 님을 상상해 봅시다. 발레를 막 시작했는데 "나는 누구보다 뛰어나!"라고 생각한다면 자신을 올바르게 평가하고 있다고 할 수 없어요. 하지만 레슨을 열심히 받고, 몸의 유연성을 기르기 위해 스트레칭도 거르지 않고 계속했다고 합시다. 이렇게 열심히 노력한 결과, 서툴기만 하던 발레 스텝을 잘할 수 있게 되었고 선생님께 칭찬도 받았어요. 이러한 성공 경험은 사쿠짱 님에게 자신감을 가져다 줄 거예요. 자신감을 갖기 위해서는 계속 노력하며 자신을 단련하는 시간을 차곡차곡 쌓아야 해요. 물론 그 일이 작고 사소한 일이라도 상관없어요.

우리 주위에는 언제나 자신만만한 사람이 있는 반면, 사소한 일에도 벌벌 떨며 움츠러드는 사람도 있어요. 이 두 사람은 도대체 어떤 차이가 있을까요?

미국 코넬 대학교의 더닝 박사와 크루거 박사는 "못하는 사람일수록 '나는 할 수 있다'며 자신감이 과잉되는 경향이 있다."라는 내용의 논문을 발표했습니다. '자신감 과잉'이란 지나치게 자신감을 가지는 것이에요. 이 현상을 '더닝-크루거 효과'라 부르는데, 심리학 분야에 널리 알려져 있지요.

더닝 박사와 크루거 박사는 다음과 같은 세 가지 현상을 지적했어요.

❶ 능력이 부족한 사람은 능력이 부족하기 때문에, 자신이 얼마나 능력이 부족한지를 이해할 수 없다.
❷ 능력이 부족한 사람은 다른 사람의 스킬*도 올바르게 평가할 수 없다.
❸ 그래서 능력이 부족한 사람은 자신을 지나치게 높게 평가하는 경향이 있다.

상당히 냉정한 말이네요. 위의 세 문장을 한 문장으로 바꿔 말하면 '능력이 있는 사람은 자신을 올바르게 평가할 수 있다.' 아닐까요? 또한 두 박사는 다음과 같은 점도 지적했어요.

능력이 부족한 사람도 훈련을 하면 자신의 부족한 점을 깨닫고 스스로를 올바르게 평가할 수 있게 된다.

*기능이나 기술

경험이 없다면 당연히 능력이 부족하거나 서툴기 마련이죠. 그저 열심히 노력하며 차츰 성장해 가면 되지요. 그럼 자신감도 자연스레 생기지 않을까요?

자신만만한 사람이라니,
좀 별로 아니니?

맞아.

자신이 없어서
여러모로 고민하고
애쓰는 사람을
더 응원하게 돼.

알쏭달쏭 17

?

어떻게 하면 리더가 될 수 있을까요?

야구여자거인(6학년)

야구여자거인 님, '리더'라고 하면 어떤 사람을 상상하나요? 언제나 당당하게 행동하는 사람? 학급 회의에서 모두의 의견을 정리할 수 있는 사람? 주위 사람들의 장점을 찾아내 키워 줄 수 있는 사람? 아니면 반에서 다툼이 일어났을 때 평화롭게 수습할 수 있는 사람?

이런 식으로, 리더라는 말을 들었을 때 떠올리는 이미지는 사람마다 다를 거예요. 그럼, 도대체 어떤 사람이 리더에 어울리고, 어떤 일을 해야 리더가 될 수 있을까요?

'리더십'에 대한 무척 흥미로운 실험이 있어요. 스위스 취리히 대학의 어떤 연구자가 한 실험입니다. 여기서는 알기 쉽게, 사람들이 상자 안에 들어 있는 복권을 뽑는 상황을 가정하여 실험 내용을 설명해 볼게요.

상자 안에는 당첨 복권이 9장, 꽝이 1장 들어 있어요. 실험 참가자는 다음과 같은 규칙을 지켜야 해요.

규칙 ❶ 당첨 복권을 뽑은 사람에게는 1만 원을 줍니다. 꽝을 뽑으면 1,000원을 내야 해요. 복권을 뽑을지 말지는 개인의 자유입니다.

규칙 ❷ 네 명이 팀을 만들어 리더를 한 명 정합니다. 리더는 본인이 복권을 뽑아도 되고, 다른 팀원들이 대신 뽑아 주어도 돼요. 당첨 복권을 뽑으면 팀원 모두에게 1만 원을 줄 거예요. 꽝을 뽑으면 모두 1,000원씩 내야 하고요.

야구여자거인 님은 어떻게 할까요? 규칙 ❶에서는 1만 원을 받을 확률이 높고, 꽝을 뽑더라도 손해 보는 사람은 자신뿐이기 때문에 많은 사람들이 복권을 뽑았어요. 그러나 규칙 ❷에서는 스스로 복권을 뽑지 않고, 다른 누군가에게 맡기려는 사람이 많았답니다. 꽝을 뽑아 다른 사람들에게 피해를 주고 원망을 받는 게 싫기 때문인데, 그 기분도 이해할 수 있지요. 이와 같이 남에게 나쁜 영향을 끼치는 행동을 피하려는 마음을 '책임 혐오'라고 불러요. 여기에서 말하는 혐오란, 몹시 싫어한다는 뜻이에요. 그래서 규칙 ❷에서는 많은 사람이 책임지고 싶지 않다는 마음에서 복권을 뽑지 않았던 거지요.

하지만 드물게 규칙 ❶과 규칙 ❷에서 모두 복권을 뽑은 사람이 있었어요. 그 사람들의 뇌를 여러 방면에서 조사해 보았더니, 책임이 따르는 결정을 했을 때 기억이나 사고, 결정과 관련된 뇌 부위의 움직임이 활발해졌음을 알 수 있었어요.

또 이 연구 팀이 개발한 특별한 계산 방법으로 데이터를 수집했더니, 책임지는 일을 싫어하지 않는 사람이 '리더십 점수'가 높았어요. 연구 팀은 그런 사람이야말로 리더가 되기에 적합하다는 결론을 내렸지요. 즉, 자신의 행동으로 동료가 피해를 입어도, "내가 책임질게!"라고 말하며 떳떳하게 행동할 수 있는 사람이 리더로 적합하다는 말이지요.

옛날부터 언제 어디서나 리더가 있었어요. 예수 그리스

도, 석가모니, 나폴레옹, 세종대왕, 스티브 잡스 등…. 사람들은 그러한 리더를 존경하고, 그들의 모습을 조금이라도 닮기 위해 책이나 자료를 읽으며 '이상적인 리더상'이나 '리더에게 필요한 조건'에 대해 배우고자 했어요. 그런 가운데 리더십에 대해 과학적으로 조사한 취리히 대학의 이 연구는 독특하고 설득력 있는 내용으로 많은 사람들에게 주목받았지요. 야구여자거인 님처럼 리더가 되고 싶은 사람에게 좋은 힌트가 되지 않을까요?

학급에서 무언가를 정해야 할 때, 다수결로 하는 경우가 있을 거예요. 다수결로 하면 모두가 결정한 것이기 때문에 특정한 누군가에게 책임을 묻지 않아요. 하지만 이런 때야말로 리더십 실험에서 보여 주는 것처럼 "실패하더라도 내가 모두 책임질 테니까, 모두 날 믿고 따라와!"라고 말할 수 있는 사람이 진정한 리더가 아닐까요?

물론 말만 하고 행동을 하지 않는 사람은 아무도 따르지 않아요. 자기의 결단이 어떤 결과를 가져올지, 실패하지 않기 위해 어떤 계획을 세워야 할지, 자기의 판단에 따라 다른 사람에게 피해가 갈 때 어떻게 행동해야 좋을지 등 앞으로 일어날 일을 잘 생각하고 행동 방향을 스스로 결정하는 것이 리더가 갖추어야 할 자세라고 생각해요. 야구여자거인 님이 모두가 신뢰하는 리더가 될 수 있도록 응원할게요.

저희 연구 팀에서는
'좋은 리더의 조건'에 대해
오랫동안 연구해 왔습니다.
그리고 한 가지 큰 발견을 했습니다.

그것은 바로
"저는 이 연구 팀의 리더로
맞지 않는다!"라는 겁니다!

알쏭달쏭 18

죽을 때 어떤 느낌일지 매일 상상하게 돼요. 어떻게 해야 할까요?

T.T(4학년)

가끔 '죽고 싶다.'는 생각이 드는 이유는 뭘까요?

유에리(6학년)

T.T 님은 죽음에 대해 상상하는 게 좋지 않다거나 나쁘다고 생각하는 듯하네요. 하지만 그렇지 않아요. 유럽에서는 예로부터 '메멘토 모리'라는 말이 전해 내려와요. "자신이 언젠가 죽을 운명에 있음을 의식하고 살라."는 뜻의 라틴어예요. 즉, 죽음을 생각할 수 있기 때문에 삶을 더 소중히 여길 수 있다는 뜻이지요.

얼마 전까지는 죽음의 의미를 이해할 수 있는 나이를 만 7세 정도로 여겼어요. 그러나 최근 영국의 한 연구에 따르면 실험에 참여한 만 4~5세 아이들의 절반 이상, 만 6~7세 아이들의 대부분이 생명을 유지하는 원리, 즉 살아 있다는 것이 어떤 것인지를 설명할 수 있었다고 해요. 이처럼 뇌가 죽음을 인식할 수 있게 되면, 당연히 죽음에 관심을 가질 수밖에 없겠죠.

'죽음학'이라는 학문에 대해 들어 본 적 있나요? 종교나 철학, 사상이나 예술 등 여러 각도에서 사람의 삶과 죽음에 대해 생각하는 학문이에요. 기나긴 인류의 역사 속에서 사람들이 어떻게 삶과 죽음을 대하고 무엇을 소중하게 여겨 왔는지를 연구하는, 아주 중요한 학문이지요. 삶과 죽음은 언제나 한 세트처럼, 분리할 수 없음을 알려 주어요.

저도 유에리 님과 마찬가지로 어릴 때 '죽고 싶다'고 생각한 적이 있어요. 죽고 싶다는 생각을 한 번도 해 본 적 없는 사람은 드물지 않을까요? 그럼, 사람은 어떨 때에 죽고 싶다고 느낄까요? 생각하기에 따라 다르겠지만, 죽음을 떠올리는 일은 스트레스를 줄여 자신을 지키는 방법 중 하나라고 할 수 있어요.

자신을 보호하기 위한 '도망갈 길'을 만들면 스트레스가 줄어드는 것을 밝힌 실험을 소개할게요. 먼저 실험에 참여한 사람을 두 그룹으로 나누어 스트레스를 강제로 생기게 하는 '페스터가스트린'이라는 약을 주사합니다. 얼마나 스트레스를 받는지는, 스트레스를 느낄 때 몸에서 나오는 '스트레스 호르몬'이 혈액에 얼마나 녹아 있는지를 측정해 보면 알 수 있지요.

이때, 한 그룹에는 나빠진 몸 상태를 알리기 위한 버튼이 준비되어 있어요. 다른 그룹에는 이 버튼이 없고요. 두 그룹 모두 같은 양의 약을 주사했기 때문에 실험에 참여하는 사람들이 받는 스트레스의 양은 같아요.

결과를 보도록 할게요. 실험 중에 이 버튼을 누른 사람은 아무도 없었어요. 하지만 버튼이 있는 그룹의 스트레스 호르몬 수치는 버튼이 없는 그룹의 5분의 1 수준이었답니다. 이 결과는 '도망갈 길'을 마련해 두고, '만약 무슨 일이 생기면 피할 수 있다.'라고 생각하는 것만으로도 스트레스가 크게 줄어든다는 걸 보여 주지요.

스트레스를 푸는 방법은 사람마다 달라요. 일상생활 속에서 생각해 볼까요? 예를 들어 아버지들이 가끔씩 즐기는 골프를 떠올려 봅시다. 골프를 치다 보면 기분 좋은 일만 생기지 않아요. 점수가 좋지 않으면 자신감을 잃게 되고, 몸도 피곤해지죠. 하지만 힘든 일에서 잠시나마 벗어날 수 있는 시간과 장소가 있다는 사실을 뇌가 알아차리는 것만으로도 스트레스가 줄어들어요. 실제로 골프를 치러 가지 않더라도, 도망갈 장소가 있다는 사실을 뇌가 알고 있는 것이 중요해요.

  자, 다시 질문으로 돌아가 볼까요? 이제 알겠지요? 죽음은 인생의 '마지막 도망'입니다. 그렇다고 도망칠 필요는 없어요. 그저 죽음에 대해 알고 있는 것만으로 충분해요.

  죽음은 모든 사람에게 찾아옵니다. 그날까지 자기답게 살아간다면, 괴로운 일, 귀찮은 일, 포기하고 싶은 일 외에도, 즐거운 일, 재미있는 일, 열중하고 싶은 일을 만날 수 있어요. 이것은 몇 번이나 죽음을 상상했던 제가 실제로 경험한 것이기도 해요.

머지않아 죽을 사람은
'살고 싶다'고 생각하고,

계속 살 수 있는 사람은
'죽고 싶다'고 생각해.

사람이라면 누구나
자신과 다른 세상에
관심을 기울이게 되는 법이지.

세 번째 상담

이상한 것에 대한 알쏭달쏭

왜 꿈을 잊어버릴까요?

H·TK·Y(4학년)

왜 꿈을 꾸나요?

핀자멘드(6학년)

볼일이 급해서 화장실을 찾는데, 좀처럼 찾을 수가 없어요. 한참을 찾다가 겨우 발견하고는 '늦지 않았어!'라고 생각하면서 눈을 떴는데…, 맙소사! 그곳은 침대 속이었다는 사실. 여러분은 이런 경험이 없나요?

꿈에는 그날 만났던 사람이 나올 수도 있고, 현실에서 일어날 리 없는 일이 나타나기도 해요. 신기할 정도로 생생한 영상이 펼쳐지기도 하고, 냄새나 감촉도 세세하게 느낄 수 있지요.

사람은 왜 꿈을 꿀까요? 꿈에 대해서는 아직 밝혀지지 않은 것이 많아요. 잠자는 동안 때때로 끊기기도 하지만 우리는 계속 꿈을 꾸고, 눈을 떴을 때 기억하는 내용은 그 꿈의 아주 일부라는 사실이 밝혀졌어요. 과학적으로 정확하게 밝혀지지 않았지만, 기억하는 꿈은 그날 꾼 꿈의 1퍼센트도 안 된다고 해요. 모든 것을 기억한다면 머리는 걷잡을 수 없이 혼란스러워지기 때문에, 불필요한 정보는 잊

도록 되어 있어요.

　잠을 잘 때도 뇌의 '해마(15쪽 참조)'는 부지런히 활동해요. 〈알쏭달쏭 13〉에서 이야기한 것처럼, 하루 중 일어났던 일들에 대한 기억을 정리하느라고요.

　해마에 모아둔 정보가 나타났다가 사라지고, 또 나타났다가 사라지고 하는 식으로 꿈이 만들어져요. 해마는 정보 하나하나를 조합하여 어떤 정보가 필요하고, 어떤 정보가 필요 없는지를 분류하지요. 이때, 해마는 나누어 둔 정보를 바탕으로 이야기를 만들어요. 같은 꿈을 자주 꾸는 사람은 해마가 만들어 내는 이야기에 같은 패턴이 있는 거예요.

　무서운 꿈이나 불안한 꿈을 자주 꾸는 것도, 해마의 이러한 이야기 만들기와 관련이 있답니다. 우리의 뇌는 깨어 있을 때, 그동안 우리가 했던 실패나 실수를 생각하고 다시는 이런 일이 일어나지 않도록 대책을 세우는 습관이 있어요. "내가 한 일을 엄마가 내일 눈치채면 어떻게 하지?",

"내일 급하게 나가느라 숙제 챙기는 걸 잊어버리면 어떻게 하지?", "또 선생님께 혼날지도 몰라." 하는 식으로, 잠이 들어도 실패나 실수에 대비해 계속 생각하기 때문에 불안한 꿈을 꾸게 된다고 생각해요.

 의미를 알 수 없는 꿈을 풀이해 주는 '해몽'이나 '꿈 분석' 등 무의식적으로 꾸는 꿈에서 스트레스나 괴로움의 원인을 찾아내는 방법도 있어요. 모든 꿈에 의미가 있는 것은 아니지만, 만약 꿈이 신경 쓰여서 기억에 남는다면, 일기에 적어 두고 틈틈이 읽어 보는 것도 재미있을 거예요.
 어쨌든, 꿈이 해마의 활동과 관계가 있다는 건 참 재미있는 사실이네요.
 여러분, 오늘 밤도 좋은 꿈 꾸세요!

알쏭달쏭 20

게임이 머리에 좋지 않다는 게 정말이에요?

앙짱(3학년)

왜 게임은 하지 않는 게 좋나요?

링링(5학년)

왜 게임을 하면 부모님께 혼나요?

Z(5학년)

게임하면 눈이 나빠진다고 하는데요,
전 유치원 때부터 게임을
계속하고 있는데
제 시력은 1.5예요. 어째서죠?

T. I(5학년)

게임도 취미의 하나인데,
왜 부모님은 하지 말라고
하는 거죠?

존 G. G.(6학년)

예상대로 게임에 대해 질문하는 친구들이 무척 많았어요. 저도 게임을 아주 좋아해요. 링링 님, 게임을 하는 게 무조건 좋지 않은 건 아니라고 생각해요.

T. I 님의 질문부터 생각해 볼까요? "오랫동안 게임을 하면 근시가 진행된다."고 말하는 학자도 있지만, 게임을 하면 시력이 나빠진다는 사실은 과학적으로 증명되지 않았어요. 근시의 원인은 게임 말고도 유전이나 환경 등 다양하게 생각할 수 있으므로, 확실하게 결론이 나지 않은 거예요.

오히려 반대로 게임을 함으로써 시력이 좋아진 사례를 증명한 연구가 있어요. 특히 액션 비디오 게임은 '동체 시력'을 높인다고 알려져 있어요. 동체 시력이란 '움직이는 것을 보는 힘'을 말합니다. 야구나 테니스, 탁구 등 작은 공을 사용하는 스포츠에는 이런 능력이 특히 필요하지요.

그렇지만 "게임을 해도 눈이 나빠진다는 증거는 없어

요!", "게임을 하면 동체 시력이 좋아진다고요!" 하고 부모님께 말해도 "억지 부리지 말고 공부나 해!"라는 잔소리만 돌아올 뿐이겠죠. 공부는 밤늦게까지 해도 혼나지 않는데, 무슨 이유인지 게임은 눈엣가시로 여기는 부모님이 많아요. 왜 그럴까요?

크게 두 가지 이유가 있다고 생각해요. 첫 번째 이유는, 게임이 혼자 방안에 틀어박혀 밖으로 나오지 않는 사람, 즉 '은둔형 외톨이'가 될 가능성을 높인다는 잘못된 인식이 퍼져 있기 때문이에요. 두 번째 이유는 게임에 한번 빠지면 헤어나기 힘든 중독성이 있고, 게임에 지나치게 의존하게 될 수도 있기 때문이지요. 두 번째 이유에 대해서는 〈알쏭달쏭 21〉에서 설명하기로 하고, 우선 첫 번째 이유에 대해 생각해 봅시다.

"게임을 많이 하는 사람은 다른 사람들과 잘 어울리지 못한다.", "전투 게임을 좋아하는 아이는 공격적이다." 등등 말도 안 되는 편견*을 아무렇지도 않게 입에 담는 사람이 있어요. '게임=좋지 않은 것'이라는 생각은 너무 편협**해요. 뚜렷한 근거가 없지요. Z 님이나 존 G. G. 님의 부모님은 여러분이 그러한 사회의 편견에 노출될까 봐 두려워하는 게 아닐까요? 사회적 편견은 부모의 노력만으로 없앨 수 없기 때문에, 여러분이 게임을 많이 하면, 부모님이 걱정하는 것을 저도 이해할 수 있답니다.

혹시 패밀리 컴퓨터나 패미컴이라는 단어를 들어 본 적 있나요? 제가 어렸을 적에 유행한 가정용 게임기인데, 부모님에게 "그만 좀 해!"라는 말을 들은 기억이 없어요. 오히려 부모님이 더 패미컴을 즐겨서 손에서 게임기를 놓지 않을 정도였어요.

저는 딸아이가 둘 있는데요, 그 아이들이 게임에 빠지게 되더라도 그만하라고 말할 생각이 없답니다. 그 대신 '숙

* 한쪽으로 치우친 의견
** 생각이 좁고 한쪽으로 치우침

제를 하고 나서 하기', '하루에 한 시간만 하기', '밤새워 하지 않기' 등의 규칙을 만들 거예요. 어릴 때부터 자신을 조절할 수 있는 힘을 스스로 기르기를 바라기 때문이에요. 그 힘은 언젠가 어른이 되어 사회에 나가면 반드시 도움이 될 테니까요.

20XX년.
'게임을 기분 좋게
그만두게 하는 로봇' 발매!

주인님이 이겨야
오늘의 게임이 끝나요.
자, 계속하세요.

알쏭달쏭 21

게임을 그만둘 수가 없어요! 어떻게 해야 돼요?

마이크라부(4학년)

하고 싶은 일을 너무 많이 하게 돼요. 책읽기랑 게임요. 왜 그럴까요?

짚신벌레(4학년)

게임을 그만둘 수 없는 이유는 무엇인가요?

브로콜리(5학년)

사람들은 왜 게임에 빠지나요?

s·h모드(6학년)

게임은 왜 재미있어요?

게임인간(6학년)

계속해서 게임에 대한 질문이네요.

　왜 게임을 그만둘 수 없는 걸까요? 〈알쏭달쏭 20〉에서 저도 게임을 좋아한다고 고백했지요. 사실 전 지금 플레이스테이션의 인기 게임 '그란 투리스모'를 하고 싶어서 견딜 수 없을 정도랍니다. 별도로 판매하는 핸들 컨트롤러를 사면 집에서 카레이서가 된 듯한 기분을 느낄 수 있겠지요. 하지만 짚신벌레 님처럼 한번 시작하면 쉽게 그만둘 수 없는 성격이라서, 최대한 참고 또 참는 중이랍니다.

　무언가에 쉽게 빠지는 성격 때문에 저는 곤란할 때가 많아요. 하지만 오랫동안 끈기 있게, 흥미를 잃지 않고 연구할 수 있는 것도 이런 성격 때문이겠죠. 글쎄요, 열중할 수 있는 일이 전혀 없는 것보다는, 가끔 자신을 잊을 만큼 열심히 하는 일이 있다는 것이 더 행복한 일일지도 몰라요. 마이크라부 님이나 브로콜리 님도 그런 열정을 소중하게 여기도록 하세요.

다만, 게임에 중독될 수 있다는 점을 알아 두어야 해요. 그만하기로 약속한 시간은 이미 지났고, 부모님께 들킨다면 게임기를 빼앗길지도 몰라요. 하지만 너무 재미있어서 게임을 그만둘 수가 없어요. 이때 해결의 열쇠를 쥐고 있는 것은 뇌 안에 있는 '보상 회로'예요. 〈알쏭달쏭 10〉에서 설명한 내용인데요, '보상'이란 무언가를 했을 때에 받는 상을 말해요. '보상 회로'는 뇌에서 기쁨이나 기분 좋은 감정에 관계되는 일을 합니다. 집안일을 도왔더니 아버지가 몰래 용돈을 주셨다고 해 봐요. 당연히 '신난다!'라고 생각하겠지요. 이럴 때 보상 회로는 기쁨을 느끼며 활발해집니다. 좋아하는 사람의 사진을 보았을 때도 보상 회로가 활발해져요. 여러분은 아직 경험할 수 없지만, 어른들은 술을 마셨을 때나 돈을 걸고 하는 게임에서 이겼을 때에도 보상 회로가 활발해진답니다.

　인기 있는 게임은 이 보상 회로를 아주 능숙하게 자극해요. 예를 들어, 굉장히 좋은 타이밍에 레벨을 높일 수 있게

한다든가, 원하는 캐릭터를 손에 넣을 수 있게 하는 거죠. 게임하는 사람이라면 어렴풋이 느껴지는 것이 있지 않나요? 그럴 때에는 누군가가 머리를 부드럽게 마사지해 주는 것 같아서, 정말 기분이 좋아진답니다. s·h모드 님과 게임인간 님의 질문에 대한 대답은 여기에 있어요. 게임 회사들은 게임을 팔아서 돈을 벌 수 있도록, 사람들이 푹 빠질 만한 게임을 만드는 데 엄청난 노력을 기울여요.

혹시 세계 보건 기구(WHO)에 대해 들어 본 적 있나요? 세계 보건 기구는 사람들의 몸과 마음의 건강을 위해 의료나 보건에 관한 다양한 데이터를 공개하거나 새로운 규칙을 정하는 국제기구입니다. 2019년 5월, 세계 보건 기구는 일상생활에 영향을 줄 정도로 게임에 빠져드는 상태를 정신 질환의 하나라고 공식적으로 인정했어요.

따라서 게임하는 횟수나 시간을 스스로 통제하지 못하거나, 해야 할 일보다 게임을 우선시하는 상황이 계속된다면, 치료가 필요한 '게임 장애'로 진단받게 됩니다. 마음의 병으로 인정되는 것이지요. 이에 대한 예방 대책이나 치료법이 앞으로 개발되겠지만, 현재 게임 장애를 치유하는 약은 없어요. 약에 의존하는 병인 '약물 의존증'이나 매일같이 술을 마시는 병인 '알코올 의존증'을 치료하는 방법은 약이나 술에 접근할 수 없는 환경을 만들어 조금씩 건강한 몸과 마음을 되찾아 가는 것입니다. 게임 장애도 마찬가지예요. 게임을 할 수 없는 환경을 만들기 위해, 게임기를 손에서 떼어 놓아야겠지요.

게임은 즐거워요. 하지만 게임은 간단하게 그만둘 수 없도록 만들어져 있어요. 게임에 빠져 마음의 병이 생기지 않도록, 스스로를 조절할 수 있는 범위에서 게임을 즐기길 바라요. 저도 그렇게 하겠다고 약속할게요. 제 딸들에게 모범적인 아빠가 되어야 하니까요.

숙제나 심부름을
게임이라고 생각하면
잘되지 않을까?

게임은요,
숙제나 심부름이 아니라서
재미있는 거예요.

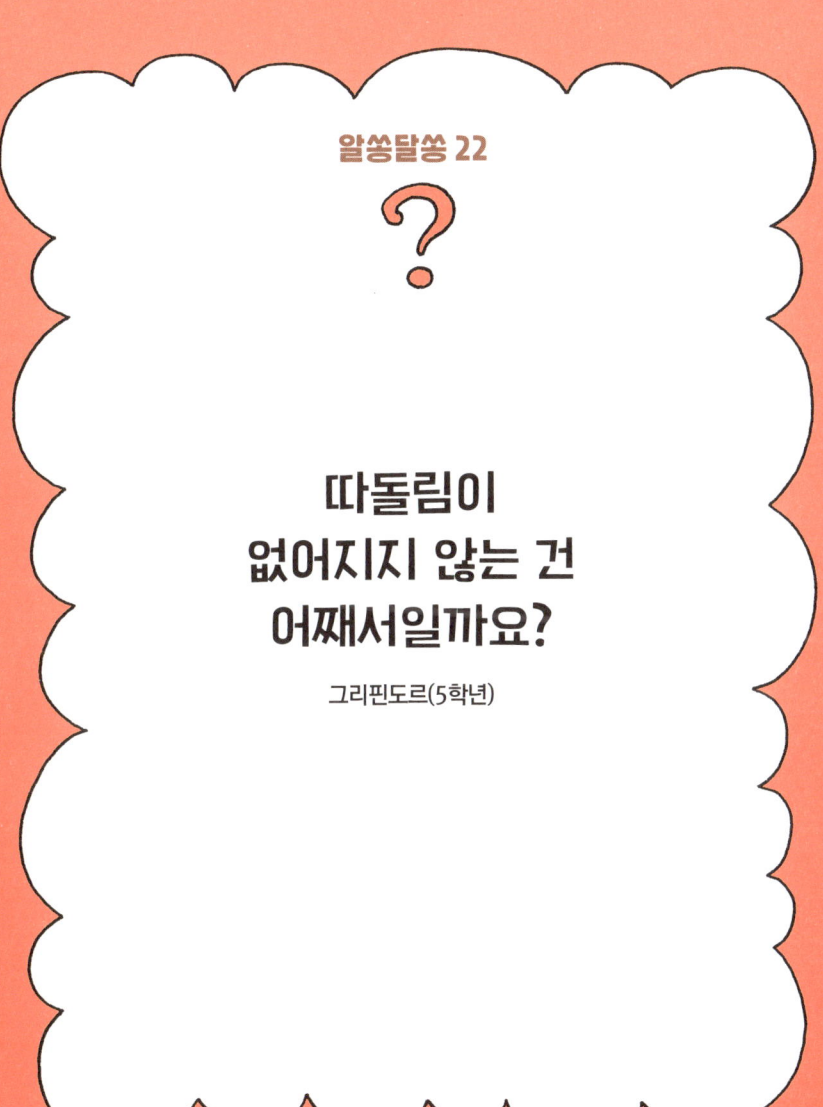

알쏭달쏭 22

?

따돌림이
없어지지 않는 건
어째서일까요?

그리핀도르(5학년)

무시하거나 나쁜 말을 하고, 따돌리거나 폭력을 휘두르는 것. 누구나 따돌림이 좋지 않다는 걸 알고 있어요. 그런데도 따돌림이 이 세상에서 사라지지 않는 이유는 무엇일까요?

몇 년 전, 어느 과학 잡지에 수학적인 관점에서 보면 따돌림은 필연적인 것, 즉 반드시 일어나는 것이라는 연구 논문이 발표되었어요. 그 내용을 소개할게요.

❶ 컴퓨터 안에 '가상 세계'를 만들어 많은 '사람'을 준비한다.
❷ 그 사람들을 '자신과 취미가 비슷한 그룹에 들어가고 싶다'는 욕구에 따라서 행동하도록 프로그램을 설정한다. 또 많은 사람이 모이면 모일수록 그 그룹의 매력이 증가하도록 컴퓨터에 지시를 더한다.

위와 같이 설정한 뒤, 컴퓨터 안의 사람들이 어떻게 움직이는지를 보았습니다. 사람들은 우선 작은 그룹을 만들기 시작했고, 그 그룹은 점점 커져 갔어요. 그러는 사이에 어느 그룹에도 들어가지 않는 사람들이 나타났고, 이내 고립되기 시작했어요. 그리고 한번 고립되면 어떻게 해도 빠져나올 수 없었다고 해요.

또 자신의 좋고 싫음을 주장하지 않고 남을 존중하는, 이른바 '좋은 사람'이 그룹 안에 있으면 그 그룹은 더욱 크게 성장했어요. 다만 무슨 이유인지 몰라도, 그 좋은 사람은 따돌림의 표적이 되어 쉽게 고립되었지요.

"혹시 가상 세계 사람들에게 나쁜 마음이 설정된 게 아닐까요?" 하고 말할지도 모르겠지만, 그런 감정은 전혀 들어 있지 않았어요. 모두 좋은 사람들뿐이었어요. 그런데도 따돌림은 자연스레 생겨났어요. 이 연구 결과를 보고, 따돌림은 자연스러운 현상이니까 일어나도 어쩔 수 없다고 포기하면 어떻게 될까요? 따돌림은 당연히 없어지지 않을 거예요.

그럼, 다른 관점에서 따돌림에 대해 생각해 볼게요. 반

을 '별팀'과 '달팀' 둘로 나누어 댄스 시합을 하게 되었어요. 그리핀도르 님은 별팀이에요. 자, 별팀이 달팀을 이길 수 있을지 자기 팀의 팀원들을 살펴보겠죠? 이때, 사람의 뇌는 자신의 팀에는 여러 가지 타입의 사람이 있다고 느끼는 반면, 자신이 속해 있지 않은 상대 팀은 비슷비슷한 사람들의 모임이라고 생각하려는 버릇이 있어요. 이것을 '외집단* 동질성** 효과'라고 불러요. 여러분도 한 번쯤 옆 반 아이들은 개성이 부족한 것 같다고 생각한 적 없나요?

 이런 버릇은 다른 그룹을 하찮은 집단으로 간주하거나 차별하는 것으로 이어질 수 있어요. 예를 들어, 자신이 사는 한국과 다른 나라를 비교하며 "저 나라 사람들은 모두 어떠하다."라고 단정할 때가 있는 것처럼요. 뇌에는 그러한 버릇이 있다는 점을 기억해 두기 바랍니다.

---

* 바깥 집단. 규범, 가치, 습관, 태도 등이 자기와 다른 사람들로 이루어진 집단.
** 사람이나 사물의 바탕이 같은 성질이나 특성.

다른 그룹을 낮추어 보는 뇌의 버릇에 맞서려면, 자신과 취향이나 개성, 사고방식이 다른 사람들을 지나치다 싶을 만큼 존중할 필요가 있다고 생각해요. 그런 노력이 있어야 사회는 어느 정도 좋아질 수 있어요. 하지만 유감스럽게도 현실은 쉽사리 그렇게 되지 않지요. 대부분의 사람들이 자신이 속한 그룹만 높이 평가하고 소중히 여긴답니다. 그래서 따돌림이 없어지지 않는 거예요. 따돌림으로 상처받는 사람이 없게 하려면, 우리 모두가 스스로에게 질문하며 살아가야 해요. "다른 사람의 개성을 지나치다 싶을 만큼 존중하고 있나요?"라고요.

사람의 버릇 때문에,
누군가를 따돌리는 일은
없어지지 않을지도 몰라.

하지만 따돌림을 그만두게
하는 방법이나, 나쁜 마음을
줄이는 방법은 만들 수 있지.

사람의 병은 없어지지 않지만,
치료법은 점점 발전하는 것과
같은 의미가 아닐까.

알쏭달쏭 23

?

사람의 마음은 어디에 있나요?

순살치킨(6학년)

 마음은 어디에 있을까요? 순살치킨 님의 이 질문은 제가 진행하는 연구와도 관련이 크답니다. 결론부터 말하자면, 아직 답을 찾지 못했어요.

 뇌 안에 있는 쾌감과 관련된 신경 회로인 '보상 회로'는 〈알쏭달쏭 10〉과 〈알쏭달쏭 21〉에서도 설명했어요. 이곳이 자극되면 "즐겁다!", "기분 좋다!", "기쁘다!"와 같은 감정이 생기지요. 그렇다면 마음은 뇌에 있을까요?

 음…, 잠시만요. 손가락에 가시가 박혔을 때, 아프다고 느끼는 것은 손가락의 피부예요. 뇌보다 피부가 먼저 통증을 느낀다면 피부에도 마음이 있다고 할 수 있을지도 모르겠네요.

 영어로는 마음을 'Heart(하트)'라고 하고, 우리 몸속의 심장을 'Heart'라고 해요. 그러고 보니 심장의 '심'은 '心(마음 심)'이에요. 좋아하는 아이가 눈앞에 있거나 거짓말이 탄로 날 것 같을 때, 심장이 두근두근해요. 그렇다면 마음은 심장에 있을까요?

어느 날, 유치원에 다니는 딸에게 물어보았어요.

"있잖아, 마음은 어디에 있다고 생각해?"

딸은 이렇게 대답했어요.

"몸 전부!"

꼭 내 딸의 대답이라서 그런 건 아니지만, 상당히 좋은 대답이라고 감탄했어요. "마음은 뇌에 있다."고 말하는 사람도 있지만, 뇌에 대한 연구를 진행하는 저는 그렇게 단언할 수 없어요.

조금 달리 생각해 볼까요? 순살치킨 님은 자신에게 마음이 있다고 생각하나요? 교실 옆자리에 앉은 친구는 어떨까요? 어떻게 사람에게 마음이 있다는 것을 증명할 수 있을까요?

저는 어릴 때부터 궁금했어요. 어른이 된 지금도 마찬가지랍니다. 순살치킨 님의 질문을 받고, 저와 같은 생각을 하는 친구가 있다는 사실이 무척 기뻤답니다. 친근감이 들어요.

　바보 같다고 생각하는 사람이 있을지도 모르지만, '마음이란 무엇일까?' 하고 골똘히 생각하다 보면 점점 미로 속에 빠져드는 기분이에요. "사람의 마음은 어디에 있을까?"라는 질문에 대답하려면, "마음이란 무엇일까?"에 대해 먼저 생각해 봐야 해요. 그 질문에 대한 명확한 대답은 아직 저도 모릅니다. 언젠가 밝혀질 날이 올까요? 순살치킨 님, 우리 함께 고민해 봐요.

아직 알려져 있지
않은 것들이 꽤 많네요.

그렇지.
하지만 알려져 있지 않다는 것이란
"어떤 사고방식도 틀렸다고
할 수 없다."라는 거란다.

뭔가 두근두근 설레지 않니?

알쏭달쏭 24

아빠·엄마 머리의 좋고 나쁨에 따라, 아이 머리의 좋고 나쁨이 결정되나요?

루이지(3학년)

보통은 부모님과 닮은 게 많은데, 다를 때도 있는 건 어째서일까요?

우치(3학년)

선천적으로 머리가 좋은 사람과 나쁜 사람의 차이는 무엇입니까?

C. 쇼우기(5학년)

'머리가 좋다는 것'이 무엇인지에 대해서는 〈알쏭달쏭 1〉에서 함께 생각해 봤어요. 그것과는 조금 다른 이야기를 해 볼게요.

지능 지수인 IQ와 읽기 능력, 계산력, 외국어 능력은 부모에게서 아이에게로 어느 정도 유전되는 것으로 알려져 있어요. 유전 정보를 전달하는 '유전자'는 아버지와 어머니의 유전자가 어떻게 조합되어 이어지느냐가 중요해요. 조합에 따라서 부모보다 훨씬 능력이 뛰어난 아이가 태어나는 경우도 많아요. 예를 들어, 아버지는 A와 B 능력이 뛰어나고 C와 D 능력은 보통인데, 어머니는 C와 D 능력이 뛰어나고 A와 B 능력은 보통이라고 가정해 봅시다. 이 부모로부터 태어난 아이가 A, B, C, D 각각의 분야에서 모두 뛰어난 능력을 가지는 경우도 있지요.

또, 부모가 뛰어난 유전자를 갖고 있어도, 아이가 그것을 모두 이어받는다고 할 수는 없어요. 어쨌든 아이는 유전자를 스스로 고를 수 없기 때문에, 아버지나 어머니를

보고 실망하거나, 반대로 안심해서도 안 돼요.

  저도 예전에 유전자 검사를 받은 적이 있어요. IQ에 관한 여러 유전자는 '보통' 수준이었는데, 놀랍게도 뛰어난 육상 선수들의 근육을 만드는 유전자와 같은 종류의 유전자를 갖고 있었답니다! 그러고 보니 어렸을 적에 다른 아이들보다 발이 빨라서 운동회에서 릴레이 선수로 뽑힌 적이 있었어요. 하지만 몸 움직이는 것을 좋아하지 않았기 때문에, 그 힘을 더 발달시키지 못했지요.

  그리고 IQ는 보통이지만, 과학을 좋아해서 열심히 공부했고, 지금처럼 연구자의 길을 걷게 되었어요. 아무리 뛰어난 유전자를 가지고 태어나도 어떻게 살지는 자기 하기 나름이고, 하겠다는 의지나 열정이 있다면 그 능력을 기를 수 있다는 것을 몸소 체험했답니다.

  원래 인류가 뇌를 이렇게까지 발달시킬 수 있었던 것은, 유전자가 정해 준 능력에서 벗어나 성장하려는 자유를 얻

었기 때문입니다. 뇌가 없다면 식물이나 미생물처럼 유전자에 의해 정해진 인생만 살아갈 수 있어요. 그렇지만 뇌를 쓸 줄 아는 우리들은 학습이나 경험을 통해서 유전자로부터 자유로워질 수 있지요.

 태어난 지 얼마 안 된 아기는 글을 읽거나 그림을 그릴 수 없고, 의자 위로 올라갈 수도 없어요. 주변에서 일어나는 여러 가지 일을 보고 직접 체험해 가는 과정에서, 뇌의 신경 회로가 발달하고 할 수 있는 일이 조금씩 늘어 갑니다. 그렇기 때문에 "선천적으로 머리가 좋은 사람과 나쁜 사람의 차이는 무엇입니까?"라는 C. 쇼우기 님의 질문에 대해서는, "별 차이가 없습니다."라고 대답할 수 있어요. 왜냐하면 선천적으로 지식과 경험이 모두 풍부한 사람은 이 세상에 없기 때문입니다.

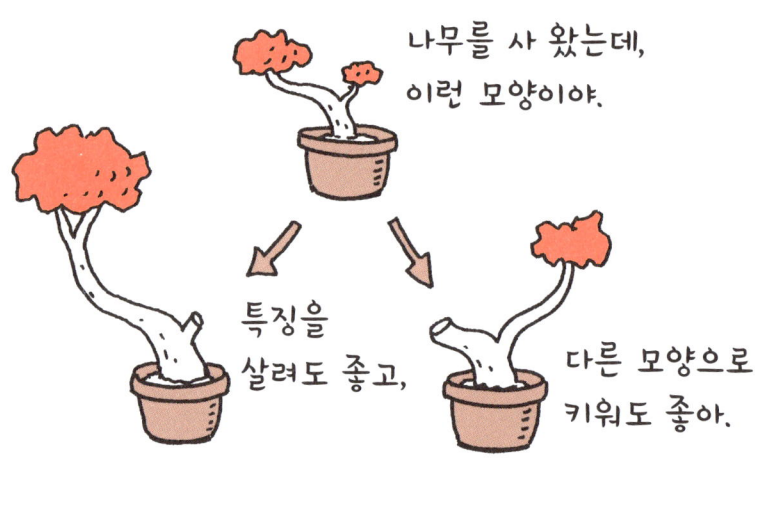

나무를 사 왔는데, 이런 모양이야.

특징을 살려도 좋고,

다른 모양으로 키워도 좋아.

"어떻게 살아가고 싶은가"를 결정하는 것은, 머리가 좋고 나쁜 것과는 관계가 없단다.

알쏭달쏭 25

노는 시간은
아주 짧게 느껴지는데,
공부하는 시간은
아주 길게 느껴져요.
어째서일까요?

진짱(3학년)

어째서 즐거울 때는
시간이 빨리 가나요?

H·S(5학년)

시곗바늘이 똑딱똑딱 움직이는 시간은 어디에서나 똑같아요. 하지만 H·S 님의 말처럼 즐거운 시간은 눈 깜짝할 사이에 지나가고, 힘든 일이나 좋아하지 않는 일을 할 때는 시간이 느리게 가는 것처럼 느껴지지요. 이렇게 시간이 늘었다 줄었다 하는 것처럼 느껴지는 이유는 무엇일까요? 저를 포함해 많은 연구자가 관심을 갖는 주제이지만, 유감스럽게도 아직 원인을 찾아내지는 못했어요.

'시간을 느끼는 법'에 대해 잘 알려진 말 중 하나는, 19세기 프랑스의 철학자 폴 자네가 세운 다음 가설입니다.

"사람이 느끼는 시간의 길이는 나이와 반비례 관계에 있다."
- 자네의 법칙

'반비례'란 두 개의 양 중에 한쪽이 2배, 3배가 될 때, 다른 쪽이 2분의 1, 3분의 1이 되는 관계를 말합니다.

어떤 어른들은 이렇게 말하곤 합니다. "올해도 정말 눈

깜짝할 사이에 1년이 지나갔어. 해마다 그 속도가 빨라지는 것 같아…." 나이를 먹음에 따라 시간도 빠르게 흐른다는 가설에 과학적인 근거는 없지만, 많은 어른이 공통적으로 실감할 거예요. 그 밖에도 "열이 나서 체온이 높아지면, 시간이 느리게 가는 것 같다.", "운동을 해서 신진대사*가 원활할 때는 시간이 길게 느껴지고, 신진대사가 원활하지 못하면 시간이 짧게 느껴진다.", "시간을 자꾸 확인할수록 시간이 느리게 가는 듯하다."라는 말도 있어요.

저는 시간이란 '환상**'에 가깝다고 생각해요. 사람의 뇌는 시간의 흐름을 느낄 수 있어서, 시계를 만들거나 과학 공식에 시간의 의미나 내용을 넣기도 해요. 하지만 이 세상에 정말로 시간이 존재하는지 존재하지 않는지는 아무

---

* 섭취한 영양을 활동에 필요한 물질이나 에너지로 바꾸고, 필요하지 않은 물질은 몸 밖으로 내보내는 일
** 현실에 없는 대상을 실제로 있는 것처럼 마음속에 그리는 것

도 증명하지 못했어요.

 시간은 기억과 밀접한 관련이 있어요. 예를 들어 우리는 바깥이 어두워진 것을 보고 "아, 벌써 시간이 이렇게 되었구나…." 하고 시간이 흘렀다고 느낍니다. 이는 "바깥은 조금 전까지 밝았다."는 기억과 어두워진 현재 상황을 서로 비교하며 생각한 것이에요. 즉, 지난 기억이 없으면 시간의 흐름을 느낄 수 없죠.

 그렇다면 이렇게도 생각할 수 있어요. '사람의 기억이 먼저 시간을 만들었고, 나중에 생활에 편리한 도구로 시계나 달력을 만든 게 아닐까?'라고요. 하지만 이렇게 생각한다면 시계가 알려 주는 시간과 우리가 생각하며 파악하는 시간 중, 어느 시간이 진짜인지를 알 수 없게 됩니다.

 이와 같이 이 세상에는 아직 과학으로는 설명할 수 없는 것이 많아요. 그것에 대해 "왜?", "어째서?"라는 의문을 가지고 그 답을 찾으려는 사람이 있기 때문에, 과학은 발전해 나가는 거예요. 진짱 님, 부디 저보다 먼저 답을 찾아내 주세요.

알쏭달쏭 26

AI가 발달하면
사람의 일은 어떻게 되나요?

TWICE♡별☆(4학년)

사람이 AI에게
빼앗기는 일은 무엇일까요?

아키(5학년)

결국 AI에게 일감을
빼앗기고 마는 걸까요?

호마치(5학년)

AI가 발달하면
만화가는 없어지게 되나요?

고스팅(6학년)

AI에게 일을 빼앗기게 된다니…, 제가 어렸을 때만 해도 전혀 상상해 본 적이 없는 일이에요. 과연 정말로 그런 일이 생기게 될지, 몇 가지 직업을 예로 들어 생각해 볼까요?

우선 축구 선수. 사람의 움직임과 규칙을 학습한 AI 로봇이 사람과 경기를 한다면 어떻게 될까요? 로봇들은 지칠 줄 몰라요. 그리고 시합할 상대를 정확하게 분석하죠. 아마 사람은 금방 지게 될 거예요. 그렇다고 해서 우리는 축구를 하거나 경기를 보는 걸 그만두지는 않겠죠. 축구를 하는 목적이 이기는 것만은 아니니까요. 힘차게 달려 공을 뒤쫓으며 땀을 흘리거나, 골대 앞에서 느끼는 긴장감에 조마조마하는 것 등 몸 전체로 축구를 즐기는 것이 진짜 재미니까요.

그러면 장기나 바둑의 기사들은 어떨까요? AI가 경험이 풍부한 프로 기사를 쓰러뜨리는 일이 일어나고 있어요. 그렇지만 사람끼리 대국하는 TV 중계를 변함없이 즐기는 사

람도 많아요. 왜냐하면 진지하게 승부에 임하는 기사의 모습이 감동을 주니까요. 여러분 중에도 바둑 기사 이세돌 씨를 동경하며 프로 기사를 꿈꾸는 사람이 있을 거예요.

소설가나 만화가는 어떨까요? 가까운 장래에 AI가 상상도 할 수 없는 대작을 만들어 낼지도 몰라요. 그렇다고 해도 사람이 쓴 글이나 그림의 멋이 빛바래는 일은 결코 없을 거예요. 스마트폰이나 로켓이 없던 시대에 생긴 '그림 형제 민담'이나 '혹부리 영감 이야기'를 지금도 사람들이 계속 읽고 있는 게 바로 그 증거예요. 그러므로 고스팅 님의 질문처럼 만화 그리는 사람이나 소설 쓰는 사람이 없어지는 일 또한 일어나지 않을 거예요.

TWICE♡별☆ 님의 "AI가 발달하면 사람의 일은 어떻게 될까요?"라는 질문에 대해서도 생각해 봅시다. 2011년 뉴욕 시립 대학교의 캐시 데이비슨 교수가 다음과 같이 아이들의 장래를 예측하여 화제가 되었어요. 아마 여러분도 학교에서 들어 본 적 있는 이야기일지도 몰라요.

"2011년에 미국 초등학교에 입학한 아이들의 65퍼센트는 대학을 졸업할 때 지금은 없는 직업을 갖게 될 것이다."

이 예측은 세계 각국의 TV와 신문에서 다루어졌고, 우리나라에서도 널리 인용되었어요. 그러나 캐시 교수는 2012년부터 65퍼센트라는 수치를 사용하지 않는다고 합니다. 미래의 직업이 어떠할지를 예측하기 어렵기 때문이 아닐까요?

어쨌든, 내일 아침 여러분이 눈을 떴을 때 어떤 직업이 갑자기 없어지는 상황은 벌어지지 않아요. 이제 저는 곧 50세가 되니까, 아마도 50년 뒤의 세계를 경험할 수 없을지도 몰라요. 그러나 여러분은 사람이 AI의 힘을 빌려 '즐기는 힘'을 어떻게 발전시켜 나가는지를 눈으로 볼 수 있을 거예요. 그 변화를 설레는 마음으로 지켜보세요.

알쏭달쏭 27

과학이 지나치게 발전하면 어떻게 되는 건가요?

킷짱(3학년)

지금의 속도로 AI가 발달하면 미래는 어떻게 될까요?

잇짱(3학년)

AI가 발달하면
사람의 두뇌를 비집고 들어가
AI만의 세계가 되진 않을까요?

F.캬오르코(3학년)

언젠가 AI가
사람을 지배하게 될까요?

마짱(4학년)

킷짱 님은 과학이 지나치게 발전하면, 사람의 존재와 생활이 위협받는 것은 아닐까, 하고 불안해하네요. 먼저 대답을 하자면, 그런 일은 일어나지 않는다고 생각해도 좋아요.

그럼, 과학이 너무 많이 발전한다면 어떻게 될까요? 사회가 과학의 발전을 따라오는 것을, 과학이 기다릴 뿐입니다.

우리 주변의 '탈것'을 예로 들어 과학의 발전과 사회의 성장이 어떻게 관련되어 있는지에 대해 생각해 볼게요. 옛날 사람들은 멀리 떨어진 곳으로 이동할 때 마차나 인력거를 사용했어요. 시간이 흐르면서 배나 증기 기관차, 자동차 등 사람들의 생활을 바꾸는 편리한 물건이 발명되고, 마침내 비행기 같은 거대한 물체가 하늘을 날게 되었지요. 도대체 누가, 무엇 때문에, 엔진을 얹은 물체를 하늘에 띄우려는 위험한 일을 생각해 냈을까요?

처음으로 비행기를 타고 하늘을 날았던 사람은 미국의

라이트 형제로 알려져 있어요. 1903년에 세계 최초로 성공했는데, 비행 시간은 단지 10초였다고 해요. 그 뒤, 여러 발명가들이 비행 기술을 연구했고, 이제는 한번 연료를 넣으면 몇 시간이고 하늘을 날 수 있게 되었습니다.

이렇게 과학이 발전하기 위해서는 반드시 지식이나 기술을 쌓아야 합니다. 수백 년 전, 비행기를 생각해 낸 사람이 있어도, 아마 그것을 실현시키기 위한 기술이나 자금이 없었을 거예요. 애초에 그 시대의 사람들은 생활에 비행기가 필요하다고 생각하지 않았겠지요. 이와 같이 과학의 발전이란 사회에 필요할 때 비로소 힘을 발휘한답니다.

"그래도 지구는 돈다."라는 말을 남긴 사람은 이탈리아의 천문학자 갈릴레오 갈릴레이입니다. 니콜라우스 코페르니쿠스가 주장한 "우주의 중심은 태양이며, 지구는 자전*하면서 다른 행성과 함께 태양 주위를 공전**한다."라는 '지동설'을 증명하고자 한 사람이지요.

당시는 기독교의 가르침을 바탕으로 대부분의 사람이 "지구는 멈추어 있고, 다른 천체가 지구 주위를 돈다."고 믿었기 때문에, 갈릴레오는 '기독교의 가르침을 따르지 않았다'는 이유로 종교 재판에서 유죄를 받았어요. 이처럼 과학적으로 밝혀진 사실이더라도 사회가 쉽게 받아들이지 못하기도 해요. 새로운 과학을 사람들이 받아들이지 않았기 때문에, 더 발전하지 못하고 제자리에 머물게 되는 경우는 얼마든지 있답니다.

어쨌든 과학의 발전과 사회의 성장, 이 둘의 관계를 생각해 보면, 여러분이 걱정하는 것처럼 사람이 AI에게 지배당하는 일은 없을 거라고 생각해요. 그러니 걱정 마세요.

* 북극과 남극을 관통하는 '자전축'을 축으로 하여 지구가 팽이처럼 스스로 도는 것
** 지구가 태양 주위를 1년에 걸쳐 도는 것

100년 전 사람이 본다면, 현재는 이미 '지나치게 발전했다'고 생각하겠네요.

그렇지.

어느 시대든 모두 '이게 당연한 거야.'라고 생각하며 살기 때문이야. 그러니 결국 과학의 발전이 무조건 좋다거나 무조건 나쁘다거나 하는 식으로 단정할 수는 없지.

알쏭달쏭 28

지금 눈으로 보고 있는 것은
진짜 세계가 아닐지도 모른다고
책에서 읽었는데요,
정말인가요?

후와후와(3학년)

자신과 다른 사람이
보고 있는 색이
반드시 같다는 것을 증명하려면
어떻게 해야 할까요?

아지코(6학년)

벌써 마지막 질문이에요.

지금 우리 눈앞에 있는 세계가 진짜 세계가 아닐 가능성은 큽니다. 어쩌면 미래에서 온 사람에게 보이는 '가상의 세계'일지도 몰라요. 후와후와 님이 보고 있는 것은 10분 전에 뇌에 집어넣은 정보일 수도 있고, 심지어 후와후와 님의 의식이 이 세상에 나타난 것도 10분 전의 일일지도 몰라요.

'오래전부터 나는 존재해 왔기 때문에, 그런 일은 있을 수 없어요.'라고 생각할지도 모르겠어요. 그러나 '지금의 나'와 '어제의 나'가 같은 사람이라고 증명하는 것은 누구에게나 어려운 일입니다. 제가 지금 무슨 말을 하는지 여러분은 모를 거예요. 그러니 좀 더 쉽게 이해할 수 있도록 이야기할게요.

사람은 일상의 모든 것들을 '기억'에 의지한다고 할 수 있어요. 지금의 자신과 어제의 자신이 같은 사람임을 느낄 수 있는 이유는 기억이 있기 때문이에요. 즉, 기억은 후와후와 님이 후와후와 님이 되기 위해 꼭 필요한 것이에요.

예를 들어 '다음 교차로에서 오른쪽으로 돌면 우체국이 있다.'고 알 수 있는 이유는 바로 기억 때문이에요. 사람은 아직 눈에 우체국이 보이지 않아도 과거의 경험에 따른 기억으로, 우체국이 그곳에 있음을 알 수 있어요. 그리고 사람은 자신의 기억이 '항상 옳다'고 믿어요. 그렇기 때문에 보이지 않는 우체국의 위치를 표시할 수 있는 거예요. '어제의 나'와 '오늘의 나'가 같은 사람이라고 느끼는 것도, 이렇게 기억한 결과라고 할 수 있습니다.

다만 그러한 기억이 만들어 낸 세계는 오직 자신만의 것이에요. 여러분 옆자리에 앉은 친구는 자신의 기억에 따라서 이 세계를 보고 있어요. 따라서 내가 보는 세계와는 또 다를 거예요.

예를 들어 볼까요? 아지코 님의 뇌가 자신의 기억에 따라 '빨갛다'고 판단한 색과, 옆자리에 앉은 친구의 뇌가 기

억에 따라 '빨갛다'고 판단한 색은 똑같지가 않아요. 왜냐하면 색을 인식하는 눈도, 눈으로 들어온 정보를 받는 뇌도, 뇌에 천천히 쌓이는 기억도, 모두 그 사람만의 것이니까요. 게다가 '빨강'이라는 색도, 피의 색, 엄마의 립스틱 색, 장미꽃 색 등 여러 가지예요. 그것들을 자신의 기억에 맞추어 '이 정도로 진한 빨강', '이 정도 오렌지에 가까운 빨강'이라고 판단하는 거예요.

색깔만이 아니에요. 내가 보는 세계와 다른 사람이 보는 세계는 모든 게 다릅니다. 그렇게 생각해 보면, 결국 우리는 진짜 세계가 무엇인지 알 수 없게 되지요. 어쩌면 살아 있는 사람의 수만큼 진짜 세계가 존재하는 걸지도 몰라요.

여러분, 우리가 살고 있는 세계는 이와 같이 신기하고 모르는 것들로 가득 차 있습니다. 알쏭달쏭한 궁금증이 있다는 게 바로 살아 있다는 증거예요. 다 함께 알쏭달쏭한 질문들을 계속해 봅시다.

이 숙제는 정말로
내 숙제인 걸까?

이 간식은 정말로
이 아이의 것일까?

내가 먹어도
괜찮지 않을까?

> 아직도 알쏭달쏭

본문에서 다루어지지 않은 알쏭달쏭한 질문들을 소개합니다.
여러분이 한 번쯤 생각해 본 적이 있는 질문이나
한 번도 생각해 보지 못한 기상천외한 질문도 있습니다.
마음에 드는 질문에는 자신만의 멋진 생각으로 답을 해 보세요.

3학년

Q 지구가 폭발할 때 사람은 지구에 있을까요?
Q 왜 사람은 싫어하는 것과 좋아하는 것이 있나요?
Q 누구에게나 상냥해지려면 어떻게 해야 하나요?
Q 나는 항상 대화를 할 때 분위기를 파악하지 못해요. 어떻게 하면 분위기를 잘 파악할 수 있나요?
Q 도라에몽의 비밀 도구는 언제 발명되나요?
Q 왜 잘하는 것과 잘 못하는 게 있는 건가요?
Q 나쁜 아이라고 생각되어도 좋으니, 눈에 띄고 싶어요. 왜 이럴까요?
Q 평생 죽지 않는 방법은 있는 거예요?
Q 쓰지 않으면서도 효과 있는 약은 없나요?
Q 친구를 더 많이 사귀려면 어떻게 해야 하나요?
Q 어떻게 하면 오래 살 수 있어요?
Q 원자력은 어떻게 만들어졌나요?
Q 1억 년 뒤, 지구는 사라져 버릴까요?
Q 선생님이 "기억해."라고 말한 내용을 잊지 않을 방법은 없나요?
Q 지구에는 왜 지진이 일어납니까?

Q 뭘 먹으면 클 수 있어요?
Q 어떻게 하면 공책을 잘 정리할 수 있을까요?
Q 상담을 받고 나면 정말 마음이 후련해지나요?
Q 아무리 해도 살이 안 쪄요. 어떻게 해야 하나요?
Q 상냥한 사람이 되고 싶어요. 어떻게 해야 합니까?
Q 머리가 좋아지는 방법이 뭐죠?
Q 아침에는 일어나서 학교에 가야 하는데, 졸려서 너무 일어나기 힘들어요. 밤에 잘 자고 아침에 벌떡 일어나는 방법이 있을까요?
Q 어째서 의문이나 질문이 생기지요?
Q 싫어하는 음식도 친구가 맛있게 먹는 것을 보면 먹고 싶어져요. 어째서죠?
Q 어떻게 하면 자신의 의견을 모든 사람 앞에서 잘 발표할 수 있을까요?
Q 즐거워지는 방법이 있나요?
Q 여행 전날이면 너무 기대되어 잠잘 수가 없어요. 어떻게 해야 될까요?
Q 왜 어른들은 "스트레스가 쌓인다."라고 말하는 겁니까?
Q 병에 걸리면 쓴 약을 먹어야 해서 싫어요. 병에 걸리지 않는 방법이 있나요?
Q 먹을 수 없는 음식이 있나요?
Q 피아노 선생님에게 조언을 구하면, 왠지 고민이 사라지는 것 같아요. 왜 그럴까요?
Q 왜 사람은 슬퍼지면 우는 걸까요?
Q 어떻게 하면 미래에 좋은 직업을 가질 수 있을까요?
Q 동생한테 환심을 살 약은 없나요? 쓰지 않은 걸로요.
Q 저는 차를 잘 못 마시는데, 남동생은 차나 커피를 잘 마셔요. 어떻게 하면 차를 잘 마실 수 있게 되나요?
Q 장기를 좋아하는데요, 어떻게 하면 잘 이길 수 있을까요?
Q 긴장하면 왜 얼굴이 빨개지나요?
Q 사람의 뇌는 동물 중에서는 큰 편입니까?

Q 나는 개를 키우고 있는데요, 개의 뇌는 어떤 모양인가요? 개는 종류에 따라 뇌 모양이 다르다던데, 정말인가요?
Q 그림 솜씨가 늘지 않아요. 어째서죠?
Q 아침 일찍 일어나려고 해도 졸려서 잘 일어나지 못해요. 그런데 자고 싶을 때는 벌떡 일어나요. 왜 이럴까요?
Q 나는 좀비나 귀신이 나오는 무서운 드라마를 좋아하지 않아요. 목욕할 때 혼자 있으면 무섭고요. 심지어 TV에 나온 좀비 광고만 봐도 무서워요. 어떻게 하면 좋을까요?
Q 뭐든지 금방 잊어버립니다. 어떻게 하면 잊지 않을까요?
Q 사람은 어째서 토하는 걸까요?

Q 동생과 날마다 싸워요. 어떻게 하면 안 싸울 수 있을까요?
Q 왜 아이는 회사에서 일하지 못하는 거예요?
Q 개를 키우고 싶은데 엄마가 "안 돼!"라고 합니다. 어떻게 하면 좋을까요?
Q 치워도 치워도 금세 엉망이 돼요. 어떻게 해야 좋은가요?
Q 어른이 아이에게 계속 말하고 싶어 하는 이유가 뭘까요?
Q 동생하고 내가 싸우면 왜 다 내 탓이 되나요?
Q 여동생이랑 싸우면 왜 내가 거의 다 엄마한테 혼나는 거예요?
Q 어떻게 해야 죽지 않을까요?
Q 왜 일요일 오후에 인기 TV 프로그램을 많이 방영하나요?
Q 버릇은 고쳐지나요?
Q 어떻게 하면 부자가 될 수 있나요?

Q 시험 볼 때 집중할 수 없으면 무엇을 해야 좋을까요?
Q 연습하지 않아도 스포츠를 잘할 수 있나요?
Q 부모님은 왜 맏이에게는 신경을 쓰지 않고, 막내에게만 신경을 쓰나요?
Q 어떻게 하면 학원에서 제일 윗반에 들어가고, 그대로 그 반에 있게 될까요?
Q 우수해질 수 있는 약이 있나요?
Q 어떻게 하면 언니랑 안 싸울까요?
Q 왜 '타고난' 게 있는 건가요?
Q 어머니께 자주 혼납니다. 혼났을 때의 대처법이 있을까요?
Q 나쁜 짓을 저지르는 어른이 많은데, 아이보다 어른이 더 훌륭한가요?
Q 야구 연습을 몇 번이나 해도, 정규 선수가 될 수 없어요. 어떻게 하면 정규 선수가 될 수 있을까요?
Q 남에게 억지를 부리는데, 어떻게 하면 좋을까요?
Q 어떻게 해야 돈을 많이 모을 수 있을까요?
Q 해야 할 일을 알고 있어도, 내가 지금 하고 싶은 일을 먼저 합니다. 어떻게 해야 할 일을 먼저 할 수 있나요?
Q 어제 점심과 저녁에 무엇을 먹었는지를 잊었어요. 바로 어제 일인데요. 왜 그럴까요? 그리고 나이가 들어 여러 가지를 알 수 없게 되는 건 어째서인가요?
Q 지구를 파괴하려면 어떻게 해야 합니까?(정말 파괴하지는 않을 거예요.)
Q 어떻게 해야 프로그램을 잘할 수 있을까요?
Q 학교에 가는 이유는 무엇입니까?
Q 게임을 하면 머리가 나빠지는 것은 어째서일까요?
Q 어떻게 해야 국어와 수학, 과학 등을 잘할 수 있나요?
Q 장래의 꿈을 정하지 않았어요. 어떻게 해야 하나요?
Q TV를 보면 재미가 없어도 화면에서 눈을 뗄 수가 없어요. 왜 그렇죠?
Q 어떻게 해야 큰 부자가 될 수 있나요?
Q 계산을 틀리지 않으려면 어떻게 해야 좋을까요?

Q 《있으려나 서점》의 수중 도서관은, 땅값까지 합쳐, 최소 얼마면 살 수 있을까요?
Q 모두에게 인기인이 되는 방법은 없나요?
Q 어떻게 하면 의견을 말할 때 부끄러워지지 않나요?
Q 그림을 잘 그리려면 어떻게 해야 돼요?
Q 어떻게 하면 머리가 좋아집니까?
Q 공부를 하면 몹시 게임이 하고 싶어져요.
Q 뭔가가 잘 안 되면 바로 팽개치고 싶은 건 왜 그렇죠?
Q TV를 보는 것은 머리에 좋습니까?

5학년

Q 고추냉이를 너무 많이 먹으면, 바보가 된다는 게 사실인가요?
Q 나는 하나를 생각하면 하나를 잊어버리는데, 어떻게 해야 하나요?
Q 의대에 들어가기 위해서 지금 할 수 있는 일은?
Q 알코올에는 주로 어떤 성분이 들어 있나요?
Q 어째서 아이들은 대부분 어른의 말을 듣는다든지, 어른에게 허락을 받지 않으면 안 되는 건가요?
Q 어떻게 손을 들 수 있나요?
Q 뇌는 무엇으로 이루어져 있나요?
Q 왜 사람은 화를 냅니까?
Q 무엇을 위해 사는 건가요?
Q 왜 어른들은 으스대고 있는 거예요?
Q 좋아하는 것을 찾지 못하겠어요. 어떻게 하면 찾을 수 있을까요?

Q 투명해지는 망토가 있나요?
Q 계산을 잘 못해요. 어떻게 하면 좋을까요?
Q 손을 많이 들려면 어떻게 해야 돼요?
Q 앞으로 돈을 벌 수 있을지 무척 걱정돼요. 어떻게 하면 돈을 벌 수 있을까요?
Q 시험까지 1년이 남았는데, 몰두하기 힘들어요. 어떻게 하면 몰두할 수 있나요?
Q 아이돌은 화장실에 안 간다는 게 사실이에요?
Q 왜 뇌는 구불구불하나요?
Q 앞으로 몇 년이 지나면 지구가 멸망하나요?
Q 놀림과 괴롭힘의 차이는 무엇입니까?
Q 어른은 아이에게 곧잘 주의를 주지만, 아이가 어른에게 뭐라고 대꾸하면 "뭐냐, 그 태도는?"이라는 말을 듣죠. 아이와 어른의 권리(?) 같은 것의 차이를 모르겠어요.
Q 사이좋은 친구가 싫어하는 일을 시켜서 '싫어!'라고 말하고 싶지만, 말하면 저를 싫어할지도 모른다는 생각이 들어요. 어떤 식으로 상대에게 자신의 기분을 전하면 좋을까요?
Q 어른은 왜 아이에게 따르라고 하고, 아이가 따르지 않으면 화를 내는 건가요? 왜 어른이 아이보다 더 훌륭한 건가요?
Q 사람이 살아가는 목적은 무엇입니까?
Q 남동생과 여동생의 싸움을 말리는 방법은 없을까요?
Q 왜 사람들은 알면서도 올바른 일을 하지 않는 걸까요?
Q 왜 사람은 살아 있을까요?
Q 어떻게 하면 엄마랑 안 싸울까요?
Q 왜 학교에 가야 하지요?
Q 왜 어른은 "어른의 일이란다."라고 말하며 모두 얼버무리는 거죠?
Q 왜 사람은 죽는 건가요?

Q 엄마는 나에게 "게임을 너무 많이 하지 마!"라든가 "게임 그만둬!"라든가 "식사 중에 게임하지 마!"라고 말해요. 하지만, 엄마는 스마트폰을 계속 본다든지, 식사 중에도 메시지에 답장을 해요. 나에게는 주의를 주면서 자신은 지키지 않아요. 이해할 수 없네요.

Q 키가 자랄 때는 몸 안에 무엇이 자라고 있는 걸까요?

Q 왜 사는 거죠?

Q 공부를 왜 하나요?

Q 왜 사람만 진화한 거죠?

Q 디즈니랜드에 두 번 가는 게 드문 건 왜 그렇죠?

Q 게임이 너무 하고 싶은데 금방 규칙을 어겨서 금지당해요. 어떻게 해야 좋을까요?

Q 먼저 해야 할 일이 있을 때도 어떻게든 지금 하고 싶은 일을 먼저 합니다. 어떻게 해야 좋지요?

Q 일일이 사사건건 공연히 떠들고 괴성을 지르는 놈들은 어떻게 해야 하나요?

Q 사이좋게 지내고 싶은 상대에게 말을 걸어 조금 친해지지만, 그다음 단계를 모르겠어요. 어떻게 해야 좋은가요?

Q 방을 간단하게 치울 수 있는 방법이 있나요?

Q 어째서 개는 귀여운 거죠?

Q 존재한다는 건 결국 뭡니까?

Q 신은 있는 건가요?

Q 스트레스가 쌓이면 어떻게 하면 좋을까요?
Q 제가 좋아하는 사람이 다른 사람과 좋지 않은 소문이 났어요. 마음이 개운치 않아요. 어떻게 해야 하나요?
Q 음악은 메시지를 담은 것인데도 왜 규제하는 말이 있지요?
Q 공부는 하고 싶지 않아요. 어떻게 하면 좋을까요?
Q 왜 사람은 말을 하나요?
Q 게임과 공부를 둘 다 제대로 할 수 있는 방법이 있나요?
Q 눈을 감아도 뭔가 보이는 것 같은 느낌이 드는 이유는 뭘까요?
Q 할머니는 어떤 정론이든 전부 억지라고 하세요. 왜 그러실까요?
Q 게임이 하고 싶어서 참을 수가 없어요. 평균적으로 어느 정도 게임을 하나요?
Q 나는 궁금한 게 없어요. 궁금한 게 없으면 곤란한 일이 없어 좋을 것 같은데요. 궁금한 게 없다는 건 머리로 아무것도 생각하지 않는 것 같아 싫기도 해요. 궁금증은 어떨 때 필요한가요?
Q 어떻게 하면 기억력이 좋아질까요?
Q 시험을 잘 보기 위해 학원에 가거나 해서 무리하게 힘든 생활을 하는 게 좋은 일인가요?
Q 지구 밖 생명체는 도대체 은하의 어디쯤에 있는 것일까요?
Q 왜 사람들은 나쁜 말 하는 걸 좋아하나요?
Q 왜 사람은 다른 동물보다 발달했을까요?
Q 그림 그릴 때, 다른 그림을 보고 따라 그려요. 그런데 아무리 해도 아이디어가 떠오르지 않습니다.
Q 나는 더우면 머리가 아파 와요. 치료할 방법은 없나요?
Q 뭔가를 가져오려고 생각했는데, 가지러 가면 무엇을 가지러 갔는지 잊어버릴 때가 있습니다. 이럴 때는 자신이 무엇을 하려고 했는지 어떻게 생각해 내면 되는 건가요?
Q 허세는 필요가 없다고 생각해요. 어떻게 생각하세요?

Q 공부가 좋아지지 않아요. 그리고 집중이 안 돼요. 어떻게 해야 공부가 좋아지고 집중할 수 있을까요?
Q 왜 엄마는 계속 집에만 있을까요. 일을 하면 좋을 텐데.
Q 포인트제로 집안일을 도우면 돈을 받을 수 있고, 그렇게 받은 돈으로 하고 싶은 일이 있는데요. 왜 도울 마음이 안 생기나요?
Q 공부하려고 해도 안 돼요. 어떻게 해야 될까요?
Q 나는 바빠서 느긋하게 TV를 보거나 책을 읽을 시간이 별로 없어요. 자유 시간을 많이 가지려면 어떻게 해야 하나요?
Q 우울증에 걸리면 어떻게 되죠? 어떻게 하면 좋아요?
Q 어른이 되면 인생을 즐길 수 있습니까?
Q 동경의 대상이 되려면 어떻게 해야 하나요?
Q 게임을 실컷 하는 방법이 있나요?
Q 어떻게 하면 엄마의 분노를 끝낼 수 있을까요?
Q 생물의 진화에 관한 책들을 읽고 생각한 건데, 왜 생물은 자손을 후세에 남기려고 하는 걸까요?
Q 꿈을 꿀 수 있는 방법은?
Q 어떻게 하면 꿈을 이룰 수 있을까요?
Q 일본에서는 프라이버시의 권리도 새로운 인권에 포함되어 있는데요, 개인 정보의 유출이 많아서 그런가요?
Q 만담은 머리에 좋습니까? (만담을 좋아해요.)
Q 우주에 먼지가 있나요?
Q 정신력이 강해지는 방법이 있습니까?
Q 향상심이 거의 생기지 않아요. 어떻게 하면 좋아요?
Q 교육을 받는 것이 목적일 텐데, 학원은 안 되나요?
Q "게임을 하면 눈이 나빠진다."고 하지만, 책을 볼 때는 그렇게 말하지 않습니다. 게임과 책이 뭐가 다른가요?
Q 어른은 곧잘 화를 냅니다. 어떻게 하면 좋을까요?

Q 싫은 수업을 들을 때 집중이 안 돼요! 어떻게 하면 집중이 되나요?
Q 왜 부모는 스스로 조심하지 않나요?
Q 요괴나 망령이 존재할까요?
Q 센스가 좋아지려면 어떻게 해야 하나요?
Q 어째서 우리 엄마는 무서운가요?

마치는 글

안녕하세요.
요시타케 신스케입니다.

알쏭달쏭한 궁금증이
참 다양하네요.
어른이 되어도 알지
못하는 일투성이예요.

1.

이케가야 선생님의 이야기를
듣기까지, '뇌가 모든 것을
결정한다.'라고 생각했지만,
지금은 '몸 상태가 뇌가 하는
일을 결정할 때가 많다.'는
사실을 깨닫게 됐어요.

그렇다면
'마음'이란
도대체 무엇일까,
다시 생각해 봅니다.

2.

아야! 그래서 이상한 거구나!
그래서 그런 기분이 들었구나!

뭔가 이상해….

어른이 되어 알게 된 것은
제가 어렸을 때 느꼈던
'어째서일까?' 하는
의문이나,
'뭔가 이상해!' 했던
생각이 틀리지
않았다는 거예요.

3.

'잘 설명하긴 어려운데, 이상하게 느꼈던 것'이나 '알쏭달쏭하다고 생각하는 것' 대부분은

아마 여러분의 뇌나 몸이 '여러분의 마음보다 먼저' 느꼈던 것이에요.

4.

그래서 여러분이 생각한 알쏭달쏭한 궁금증들은

여러분의 '뇌와 몸과 마음'이 함께 만들어 가고 함께 커져 갈 때, 아주 커다란 실마리가 될 거예요.

5.

앞으로도 계속 알쏭달쏭한 궁금증을 잔뜩 모으고 키워서, 여러분과 여러분이 있는 세계의 비밀을 찾아가도록 해요!

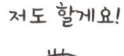

요시타케 신스케

6.

에필로그

알쏭달쏭한 궁금증이 있는 것은 살아 있다는 증거

어째서 사람에게는 알쏭달쏭한 궁금증이 생기는 걸까요?

'알쏭달쏭'이라는 말을 사전에서 찾아보면 '분간이 안 되는 모양'이라고 나와 있어요. 즉, 잘 모르는 상태라는 겁니다. 모르기 때문에 속 시원해지지 않고, 그래서 고민이 되는 거지요.

왜 공부해야 하지?
왜 하고 싶은 마음이 안 생기지?
어째서 게임을 그만둘 수 없는 걸까?
왜 긴장하게 되지?
어째서 죽는 것이 무서울까?

살다 보면 여러 가지 알쏭달쏭한 궁금증과 만납니다. 아이들로부터 받은 질문을 보니, 예상대로 여러 가지 알쏭달쏭한 것들이 있었어요. 한편으로는 정해진 패턴이 있는 것 같다고도 생각했습니다. 누구나 분명히 이 책에 있는 알쏭달쏭한 질문들과 비슷한 궁금증을 가져 본 적이 있을 거예요. 즉, 사람들이 궁금해하고 고민하는 부분이 비슷하다는 거죠. 누구나 비슷한 고민이 있습니다. 자기 혼자만 고민하는 게 아니랍니다. 사람은 모두 '알쏭달쏭한 궁금증'이 있는 동료예요. 알쏭달쏭한 궁금증이 없는 사람은 없어요. 알쏭달쏭한 궁금증을 가지고 고민하는 일은 '우리가 살아 있다는 증거'라고 할 수 있어요. 말하자면, 사람은 알쏭달쏭하고 궁금해하기 위해 사는 겁니다.

　물론, 알쏭달쏭하고 애매한 건 그다지 기분 좋은 일은 아니에요. 짐을 옮겨 달라는 부탁을 받았는데, 아주 무거운 짐은 아니지만 짐 놓을 장소를 찾지 못해 여기저기 방황하는 것 같죠. 그렇다고 짐을 아무 데나 두고 올 수는 없어요. 그럼, 어떻게 해야 이 짐을 잘 옮길 수 있을까요? 여러분이 보내 준 '알쏭달쏭한 궁금증'의 원인을 찾고 어떻게 대하면 좋을지, 진지하게 생각하고 싶었어요. 그래서 요시타케 신스케 씨와 함께 이 책을 쓰게 되었습니다.

이 책을 통해 알쏭달쏭한 궁금증을 모든 아이들과 함께 생각해 보려 했어요. 왜냐하면 알쏭달쏭한 궁금증은 어른이 되어도 사라지지 않기 때문이죠. 어른들도 고민해요. 물론 저도 늘 알쏭달쏭한 궁금증을 안고 있지요. 너무나 알쏭달쏭해서 이제 알쏭달쏭과 일심동체가 되어 버렸을 정도예요. 제 일상생활 속에는 알쏭달쏭한 궁금증이 완전히 녹아 있어요.

여러분의 알쏭달쏭한 궁금증 중에는 공부에 관한 것도 많았어요. 놀 때는 공부를 할 수 없고, 공부를 할 때는 놀 수 없죠. 여러분은 하고 싶은 것과 하지 않으면 안 되는 것이 쉽게 일치하지 않는 나날을 살아가고 있어요. 사실 그

건 어른도 마찬가지예요. 살다 보면 매우 급하지만 그다지 중요하지 않은 일과, 급하지 않지만 매우 중요한 일이 있어요. 사람은 그렇게 조화를 이루기 힘든 두 종류의 벽 사이에 끼어서 걸어가지 않으면 안 됩니다. 폭이 좁은 평균대 위를 아슬아슬 걷는 것과 마찬가지지요. 균형을 잡기가 어렵고 답답해요. 그래서 '알쏭달쏭한 고민'을 하는 거지요.

하지만 익숙해지면 균형을 잡고 걷는 일이 점점 더 즐거워집니다. 궁금증에 대해 고민을 하니 즐거워져요. 2,500년 전 고대 그리스 시대의 시인 아이스킬로스는 이렇게 말했어요.

"고민이 없으면 지혜는 태어나지 않는다."

옛날부터 사람들은 눈치챘어요. 알쏭달쏭한 궁금증을 갖고 고민하며 살기 때문에, 사람은 더 성장하는 것이라고요. 고통에 몸부림칠수록, 점점 더 삶이 나아지는 것이라고요. 또, 같은 시대에 살았던 철학자 소크라테스는 이렇게 말했어요.

"너무 간단한 삶은 살 가치가 없다."

살아가면서 고민이 있는 건 당연해요. '알쏭달쏭한 고민'이 생긴다는 건 그만큼 열심히 살고 있다는 증거예요. '성장하고 싶다.'는 바람이, 바로 우리들이 가진 '알쏭달쏭한 고민'의 정체입니다. 고민할 용기가 없는 사람은 보잘것없는 인생을 살 뿐입니다. 하고 싶은 것이 있거나 무언가가 되고 싶기 때문에 고민하지요. 하고 싶은 것이나 되고 싶은 것이 무엇인지 모르고 멍하니 사는 것은 하찮은 삶일 뿐이에요.
　겨울의 추위에 떨었던 사람일수록 봄의 태양을 따뜻하게 느끼듯이, 알쏭달쏭한 궁금증과 고민거리를 잔뜩 안고 더욱 즐거운 인생을 열어 봅시다.

끝으로 마음속에 있는 알쏭달쏭한 궁금증을 털어놓아 준 도쿄학예대학부속 다케하야 초등학교 학생 여러분, 고맙습니다. 여러분이 전해 준 질문에 많은 자극을 받아, 마치 초등학교 시절의 제 자신에게로 시간 여행을 다녀온 기분이 들었습니다. 그리고 알쏭달쏭한 궁금증에 공감하며 따뜻한 시선으로 아이들에게 전하는 메시지를 표현해 주신 요시타케 신스케 씨에게 감사드립니다.

이케가야 유지

글 이케가야 유지

1970년생. 약학박사·뇌 연구자.
미국 컬럼비아대학 객원 연구원을 거쳐 2014년부터 도쿄대학 약학부 교수로 재직 중이다. 전문 분야는 신경생리학으로 뇌나 AI에 관한 연구에 몰두하고 있다. 『기억력을 강하게 하다』, 『너무 진화한 뇌』, 『아빠는 뇌 연구자』, 『해마, 뇌는 피곤하지 않아』 등 다수의 저서가 있다.

그림 요시타케 신스케

1973년생. 그림책 작가·일러스트레이터.
쓰쿠바대학 대학원 예술연구과 종합조형코스 수료. 스케치집이나 서적의 삽화, 일러스트 에세이 등 다방면에 걸쳐 작품을 발표하고 있다. 저서로『이게 정말 사과일까』, 『벗지 말 걸 그랬어』, 『있으려나 서점』, 『만약의 세계』, 『이유가 있어요』, 『심심해 심심해』 등이 있다.

번역 엄혜숙

1961년생. 아동문학가·번역가
연세대학교 독문학과와 같은 학교 대학원 국문학과에서 문학을 공부하고, 인하대학교와 일본 바이카여자대학에서 아동 문학과 그림책을 공부했다. 오랫동안 출판사에서 편집자로 일하다가 지금은 번역가와 작가로 활동하고 있다.

알쏭
달쏭
상담소

초판 1쇄 발행일 2021년 4월 19일 **초판 2쇄 발행일** 2023년 1월 4일

지은이 이케가야 유지, 요시타케 신스케 **옮긴이** 엄혜숙

펴낸이 金昇芝 **편집** 문영은 **디자인** 올디자인그룹

펴낸곳 블루무스어린이 **출판등록** 제2022-000085호
전화 070-4062-1908 **팩스** 02-6280-1908 **주소** 경기도 파주시 경의로 1114, 406호
이메일 bluemoosebooks@naver.com **인스타그램** @bluemoose_books

ISBN 979-11-91426-09-0 73190

아이들의 푸른 꿈을 응원하는 블루무스어린이는 출판사 블루무스의 어린이 단행본 브랜드입니다.

- 저작권법에 의해 보호를 받는 저작물이므로 무단 전재와 복제를 금합니다.
- 이 책의 일부 또는 전부를 이용하려면 저작권자와 블루무스의 동의를 얻어야 합니다.
- 책값은 뒤표지에 있습니다. 잘못된 책은 구입하신 곳에서 바꾸어 드립니다.